Ich siebenhändiger Mann
Menantes-Preis für erotische Dichtung
2006

Ich siebenhändiger Mann

Erotische Gedichte & Geschichten

*Beiträge zum Menantes-Preis 2006
ausgewählt von Jens-Fietje Dwars
mit Aktfotografien von
Sebastian Reuter*

qV

Zdenka Becker

Eine erdbeere für dich
und eine für mich
ein stück melone
und ein paar weichseln
ich erfreue mich
an deinem hunger
und du streichelst
unentwegt die kirschkerne
unter meiner bluse
die widerspenstig
gegen die blaue seide drücken
sich den weg bahnend
zu dir
in deine hände
in deinen mund

Georg Berger
Familienfrühstück. Eine Idylle

Morgens, vielleicht acht Uhr, vielleicht später. Eine Küche, eine ganz und gar normale Küche, wie sie normaler kaum sein kann, in einer ganz und gar normalen Wohnung in einem so ganz normalen Wohnviertel, wie es normaler kaum gedacht werden kann. Tausende, ach was, Zehn-tausende von uns leben da irgendwo.

Eine rustikal zu nennende Sitzbank nahe dem Fenster, eine Metallspüle, Ceranherd, Kühlschrank eines allseits bekannten Herstellers, eine Arbeitsplatte in Marmorimitat, ein Küchentisch eines beliebten Verkäufers massivhölzerner Möbel. Auf der Sitzbank Rainerle, ein Junge von vielleicht fünf Jahren. Unser Rainerle, so einer, den man mit vollem Recht ein „aufgewecktes kleines Kerlchen" nennen kann, mampft sein Müsli.

Es darf gesagt werden, daß er dies durchaus mit Appetit macht, was daran liegt, daß er diese Köstlichkeit längere Zeit entbehren mußte. Wir wollen nicht verhehlen, daß Mama daran einigen Anteil hat, da sie es in der Vergangenheit verstanden hatte, der Milch eine Gewürzmischung (die ihr Geheimnis bleiben soll) beizugeben, die unserem Rainerle das morgendliche Frühstück zum erfreulichen Gaumengenuß werden ließ. Wir kennen ja das Problem der ach zu vielen Kinder, die morgens unlustig keinen Bissen runter bekommen und mit sorgenvollem Schimpfen erziehungsberechtigter Personen inhaltsleeren Magens in Schule oder Kita abdampfen.

So geht es unserem Rainerle nun wirklich nicht, er ist in der – fast möchte ich sagen privilegierten – Lage, sich jeden Morgen auf sein Müsli freuen zu dürfen. Und wie er sich freut! Wir können es ihm ansehen, kauend mit vollen Backen, fröhlichen Gesichts, wachen Augen, die in der Küche umherblicken und wohl mehr sehen als wir, die wir ja nur einen Augenblick dort verweilen werden.

Die Situation, die sich gerade abspielt, ist bestens bekannt: Papa, Mama, ein Sohn sonntagmorgens am Frühstückstisch – eine so ganz und gar normale nette Familie. Allerdings drängt sich doch die Frage auf, ob Rainerles Stimmung sich auf die anderen zwei anwesenden Personen überträgt, wie man es nach längerer Zeit gehabter Trennung von Eltern und Kind wohl erwarten dürfte. Mit sorgendem Gesicht und einem eher bedenklichen „hm hm" auf den Lippen werden wir sie verneinen müssen. Nein, nach ungetrübter gemeinsamer Freude sieht das nun wahrlich nicht aus: An der Arbeitsplatte, uns den Rücken zugewandt, steht Mama. Ihr rechter Arm, soviel können wir erkennen, macht Bewegungen, die uns vermuten lassen, daß sie ein Messer in der Hand hält und irgendwas (vielleicht in Vorbereitung des sonntäglichen Mittagsmahles) bearbeitet. Wir erkennen – soweit ist klar – tief stechende, intensiv bohrende, wütend hackende Bewegungen hoher Intensität. Wir sehen nicht, was da unter dem Messer liegt, aber das ist ja nicht Gegenstand unserer Geschichte. Auch können wir den Ausdruck ihres Gesichtes nur vermuten, es wird wohl eher trauriggrimmig dreinblicken. Zudem gibt ihre Kleidung zu Bedenklichkeit Anlaß: ein ziemlich lappiges weites T-Shirt, unter dem eine Radlerhose hervorlugt.

Mamas Vorderansicht wird uns leider, und ich bedaure das zutiefst, versagt bleiben. Denn es handelt sich – ich bin befugt, das zu sagen – um eine außerordentlich ansehnliche Frau Anfang dreißig, so eine, bei der Betrachter/in unwillkürlich die Augenbrauen hochzieht um „whow" zu sagen.

Sehn wir uns Papa an. Vielmehr, das was von ihm zu sehen ist. Denn Papa ist in dieser Familienkonstellation eher ein „Ding an sich" (kleiner Witz des Autors), einer, der nicht selbst, sondern nur an seinen Wirkungen zu erkennen ist. Wir sehen eine große Zeitung, nein, nein, nicht eine von den bunten, sondern so eine, die wir eher dem „investigativen Journalismus" zurechnen mögen. Er liest schon längere Zeit, und wenn wir einen Blick dahinter werfen dürften, würden wir erkennen, daß er einen Artikel feuilletonistischen Charakters mit ähnlicher Intensität konsumiert wie Rainerle sein Müsli. Auch Papa scheint diesen Genuß sachlich ambitionierter Information längere Zeit entbehrt zu haben. Jedenfalls halten seine Hände (nur die sehen wir nämlich) konzentriert und mit Intention (fragen Sie nicht, woran ich das erkenne) die weit aufgeschlagene Zeitung. Auch ihn und sein Gesicht werden wir kaum zu sehen bekommen, deshalb möchte ich nur so viel sagen: er ist schlank, gut aussehend, hat ausdrucksvolle Augen – ganz und gar das, was man/frau einen „attraktiven Mann" nennen möchte.

Die Konstellation stellt sich also wie folgt dar: ein heiter sein Müsli mampfender Junge, eine schneidende, hackende, sportkleidungsgepanzerte Mama, ein faktisch nicht anwesender, mit sich selbst beschäftigter Papa. Unsere Erfahrung, unsere in langen Lebensabschnitten gewonnene Gewieftheit in Dingen der Körpersprache lehrt uns, daß über der Szene eine gewisse Spannung liegt. Sieht so eine Familie aus, die sich längere Zeit nicht gesehen hat? Zur Erklärung möchte ich noch hinzufügen, daß Mama und Papa urlaubshalber sich über drei Wochen in südlichen Regionen an „Traumstränden" befunden und Rainerle zur

Oma gegeben hatten, was an sich kein Problem ist, denn Oma und Rainerle verstehen sich prächtig und da sie ein schönes Haus im ländlichen Umkreis der Stadt nicht weit von Wald und See ihr eigen nennt, ist er immer wieder gerne dort.

Nein, die Situation ist ganz und gar nicht den vergangenen Ereignissen angemessen und wir werden uns hüten, näher fragen zu wollen, was denn da in südlicher Ferne vorgefallen sein mag, vielmehr wollen wir uns auf die nun folgende Unterhaltung konzentrieren.

„Du, Mama", klingt es vom Tisch. „Omas Frühstück hat diesmal überhaupt nicht geschmeckt, gut, daß ihr wieder da seid."

„Aha, und wieso?" Kommt von der Arbeitsplatte die Rückfrage. „Na ja, der Gregor hat immer früh gekocht."

Gregor, das zur Erklärung, ist der neue – darf man „Partner" sagen? – von Oma, den Mama und Papa auch erst mit etwas Verwunderung am Tag der Übergabe ihres Kindes kennen gelernt hatten. Aber Oma hat die beiden beruhigt und so fuhren sie mit dem Gefühl, daß alles okay sei, in den Süden. So war es dann auch, aber hören wir weiter.

„Ja weißt du, der Gregor war immer schon unten, wenn ich aufgestanden bin und hat irgendwas gebrutzelt, mit viel Eiern und Speck und so und das fand ich eklig. Oma ist erst später gekommen."

„Was", entfuhr es Mama, denn sie kannte ihre Mutter nur als perfekt sorgende Hausfrau, die immer als erste in der Küche stand, „ das glaub ich dir nicht."

„Doch wirklich, und sie war noch gar nicht richtig angezogen. Nur im Bademantel. Dann hat sie sich hingesetzt und die Beine auf die Bank gelegt." Das Messer in Mamas Hand hält inne.

„Erzähl nicht so'n Quatsch, Rainerle, doch nicht Oma."

„Doch wirklich, kannste glauben, Mama, und Gregor hatte auch meistens nur ne Turnhose an".

Die Zeitung beginnt sich zu regen.

„Und was sonst", fragt eine strenge männliche Stimme. „Was war sonst noch so?"

„Na nischt sonst." Rainerle sieht etwas betreten in die Müslischale.

„Was heißt hier nischt", fragt es etwas eindringlicher, „irgendwie muß das Frühstück doch weitergegangen sein."

„Ja, isses auch. Gregor hat die Pfanne mitgebracht und sich neben Oma gesetzt. Meistens hat er sie auf den Mund geküßt, dann haben die beiden ein bißchen geschmust und dann haben wir gegessen. Aber mir hat's gar nicht geschmeckt", mault Rainerle.

Mama scheint dabei ein bißchen zusammenzusinken, Papas Zeitung wird wieder straffer.

„Und wie war Gregor sonst?" Fragt er.

„Ach, sonst war der total okay. Der war immer lustig, wir sind viel rumgefahren, und im Museum konnte der ganz toll erklären."

„Na wenigstens konnte er gut erklären", brummt es aus Papas Richtung. „Ja und im Auto haben wir gesungen und Oma hat Witze erzählt."

„Wie bitte" – entsetzter Ruf aus Mamas Richtung – „Oma hat Witze erzählt?"

„Klar, und beide haben immer gelacht. Ich meistens nicht. Aber die waren immer lustig. Sogar am Fernseher, wo ihr immer diskutiert und streitet, haben die sich lustig gemacht über die Sendungen. Dann haben sie mich ins Bett gebracht, einer von beiden hat mir was vorgelesen, und später haben beide immer noch weiter gelacht und gekichert."

„Hm", brummt es hinter der Zeitung.

Die Bewegungen des Messers in Mamas Hand werden fahriger. Rainerle ist jetzt in Fahrt gekommen.

„Wenn wir Eis gegessen haben, so ganz große Becher, haben sich Gregor und Oma gegenseitig gefüttert. Da hab ich manchmal mitgemacht. Na ja, und dann hab ich gekleckert und da ist Oma was hier runtergetropft." Rainerle zeigt auf seine Brust.

„Aber Oma hat gar nicht geschimpft und dann hat Gregor das weggeleckt. Fand ich lustig." Rainerle kichert, so wie Oma vielleicht auch gekichert hatte. Wieder hält das Messer inne.

„Und im Auto hatte sie immer ihre Hand auf seinem Knie und manchmal hat sie ihn hier gestreichelt."

Rainerle zeigt auf seinen Hosenstall. Schweigen aus beiden Richtungen. Die Zeitung zittert leicht, das Messer liegt still auf der Arbeitsplatte.

„Ja, und überhaupt war das alles ganz prima mit Oma und Gregor. Wir waren im Zoo, im Naturkundemuseum, im Wald hat uns Gregor immer was erklärt von Tieren und Bäumen und so. Und abends sind wir immer nackig baden gegangen."

Stille in der Küche. Kein Geräusch vom Messer, kein Umblättern von Zeitungsseiten. Sogar Rainerle hat sein Löffeln kurzfristig eingestellt. Er hält einen Moment inne, als müsse er jetzt einen Anlauf nehmen.

„Nur einmal, das fand ich ganz doof."

„Was?" Entsetzte Frage, synchron aus beiden Richtungen.

„Na ja, einmal konnte ich nachts nicht schlafen." – „O Gott", tönt es leise aus Mamas Richtung. – „Und da bin ich erst zum Fernseher, aber da waren sie nicht mehr. Und dann bin ich zu Omas Schlafzimmer gegangen." –

„Ach du Scheiße", kommt es von hinter der Zeitung. – „Ja, und das war dann irgendwie ganz komisch."

Rainerle bekommt einen ernst konzentrierten Ausdruck, als würde er diese unangenehme Erinnerung nur schwer mitteilen können.

„Also ich hab die Tür ganz leise geöffnet und reingeschaut. Aber das war wirklich ganz, ganz komisch, was die da gemacht haben."

Rainerle scheint noch mal seine Erinnerung abzufragen. Mama und Papa sind mucksmäuschenstill. Irgendwann hat er sich durchgerungen. „Also Oma, die kniete im Bett. So auf allen vieren. Und Gregor, der kniete hinter ihr, aber nur auf den Knien. So."

Rainerle ist aufgestanden und kniet sich auf den Fußboden, so wie Gregor das hinter Oma gemacht hatte.

„Und er hat Oma angefaßt, hier" – Rainerle legt die Hände auf seine Hüfte – „und ist mit seinem Bauch immer ganz doll gegen Omas Po geklatscht. Also der hat immer so hin und her gemacht."

Rainerle, noch kniend, macht Gregors Bewegungen nach. Die Zeitung schiebt sich zur Seite, eine Gesichtshälfte von Papa wird sichtbar. Mamas Kopf dreht sich leicht, so daß sie aus den Augenwinkeln ihren Sohn beim Nachvollzug von Gregors Hüftbewegungen beobachten kann.

„Und das ging ganz lange, und beide haben immer so gestöhnt und komische Sachen gesagt. Oma hat immer 'ja, ja' und 'mach, mach' gerufen und ihren Kopf hin und her gemacht und mit ihrem Po gewackelt. Gregor hat immer 'och, och, och' gesagt und Oma ganz doll festgehalten. Und die ganze Zeit ganz schnell so hin und her gemacht." Rainerle führt es noch mal vor.

„Und wißt ihr, was ich noch ganz komisch fand?"

Ohne eine Antwort abzuwarten: „Oma hatte nämlich eine schwarze Weste an und schwarze Stiefel, und Gregor hatte eine Maske auf. Das fand ich nun ganz komisch."

Von der Spüle her ist ein leises Schluchzen zu hören. „Mama", sagt eine empörte Frauenstimme, tapfer die Tränen unterdrückend, nur dieses eine Wort: „Mama". Die Zeitung zwischen Papas weiß gewordenen Händen ist so gespannt, daß sie gleich zerreißen würde.

Aber Rainerle erzählt weiter. In seinem Gesicht scheint sich so was wie Empörung breit zu machen.

„Also, ich hab mir das nun wirklich ne Weile angesehen und weiß immer noch nicht, was das soll", klingt es jetzt etwas altklug aus Kindesmund. „Oma hat sich immer an den Bettstangen festgehalten, ein Glück, denn sonst hätte er sie vielleicht runtergestoßen. Die haben auch beide ganz doll geschwitzt. Aber irgendwie hat ihr das gefallen, denn sie hat ihm immer wieder gesagt, daß er weitermachen soll und so komisch gelacht. Das kann ich nun gar nicht verstehen. Ich hab dann die Tür leise zugemacht und bin wieder rauf gegangen. Nach einer Weile hat Oma ganz laut geschrieen. Das hab ich genau gehört. Und Gregor hat geröhrt wie ein Hirsch. Das weiß ich, denn er hat es mir im Wald mal vorgemacht, wie das klingt. Aber hier ..." Rainerle macht eine Pause. Sein Gesichtsausdruck läßt anstrengende Verarbeitungsprozesse erkennen.

„Zum Frühstück war dann alles wie immer. Gregor hat gebrutzelt, Oma hat sich bedienen lassen, beide haben immer wieder rumgeschmust und gelacht. Aber ich fand das irgendwie blöd und hab auch nichts dazu gesagt."

Die Zeitung, die während der Erzählung immer stärker gezittert hat, knüllt sich langsam zwischen zwei Händen, das Messer ist irgendwann in die Spüle gepoltert. Danach Stille, nur Rainerle nimmt sein Mampfen wieder auf. Eine zusammengesunkene Gestalt am Hackbrett und zwei zeitungskrampfende Hände erinnern irgendwie an geprügelte Personen. Und er stellt seine letzte Frage. „Wißt ihr, was ich finde?"

Eine tränenerstickte Frauenstimme und eine zitterige Männerstimme antworten unisono: „Na was?"

Ein fröhlich den Rest seines von Mama so kunstvoll gewürzten Müslis löffelnder, rundum mit sich zufriedener Junge verlautbart: „Ein Glück, daß ihr beide so was nie macht."

Silke Dokter
früh am morgen

In deinen armen
ein wenig schlafen
und ein wenig wach sein
mit geschlossenen lidern
die schmiegsame hand
verfolgen
die schlafwarm brüste
umfaßt
über den gewölbten bauch
streicht
den sehnenden schoß
liebkost
immer tiefer gleitet
und zitternd vor verlangen
verweilt
dort
wo die zartheit nicht enden will

Daniel Mylow
Die Spur der Stille

Es ist kalt. Die Scheinwerfer des Busses reißen Wunden in die blattlosen Kronen der Bäume. Sie schaut auf dunkle Treppenabsätze, regensummende Dächer und die Verlassenheit des Dorfplatzes. Der Bus verlangsamt die Fahrt. Der Fahrer wartet auf ein Zeichen. Anna rührt sich nicht. Sie will nicht aussteigen. Ihr Kopf sinkt an das kühle Glas. Der Wind spuckt glasige Regenkiesel gegen die Fenster. Am nächsten Halt steigt Anna aus. Das Wartehäuschen steht gedrungen gegen die schiefe Ebene der Felder. Niemand sieht, wie sie die Dorfstraße entlang nach Hause läuft. Die Fenster ihrer Wohnung sind dunkel. Sie sind immer dunkel, wenn sie nach Hause kommt. Leise schließt sie die Tür auf. In der Mitte des Zimmers legt sie sich auf den Boden, um zu schlafen. Als sie erwacht, ist Lara zurück.

Lara ist erst siebzehn. Sie erinnert sich an den Klang ihrer Stimme, an all die verbotenen Geheimnisse ihres Körpers, dem sie nie genügen wird. Lara sagt nichts. Sie bittet um nichts. Sie ist nur da. Auf der gegenüberliegenden Straßenseite sitzt Lara über den Rinnstein gebeugt. Ihr dunkles Haar berührt das Pflaster. Ein plötzlicher Windstoß drückt das nur angelehnte Fenster in den Rahmen. Annas Gesicht verschwindet. Sie benutzt den Hinterausgang, damit Lara sie nicht sieht.

Im Büro hockt Anna allein auf ihrem Stuhl vor dem PC. Sie bleibt länger als notwendig. Regenwolken schwemmen den Himmel auf. Das Telefon summt. Sie nimmt den Hörer nicht ab. Was ist nur passiert?

Lara hatte sie im Bus, auf dem Weg in die Stadt, angesprochen. Zwischen dem Faltenwurf ihrer geöffneten Bluse schnitt ihr Blick in helle Haut, einen Atemschatten, eine Wolke Sommersprossen, das Profil ihrer Brüste. Ein unbewegtes Licht spiegelte sich in der Stille ihres Gesichts. Die Berührung ihrer Hände war flüchtig, weich und hell.

Hallo, ich bin Lara. Anna erinnert sich, als sie ein Kind war, hatte sie sich nach solchen Händen gesehnt. Hände, die die Entfernung zwischen zwei Körpern kleiner werden ließen. Lara bat sie um ein Treffen. Sie verabredeten eine Stunde. Anna kommt nicht.

An diesem Abend benutzt sie wieder den Hinterausgang. Aus dem Dunkel löst sich ein Schatten. Anna schreit. Laras Stimme ist ohne Vorwurf. Sie fragt, warum sie gestern Abend nicht da gewesen sei. Anna sagt, daß sie abends nie irgendwohin gehe. Sie sitzen da und schweigen sich an. Einmal lächelt sie. Da fällt Anna ein, daß sie noch nie ein Mädchen so angesehen hat. Sie spürt ihre Blicke auf der Haut und etwas anderes noch, wenn sie auf Annas Augen treffen. Sie will gehen.

„Es ist Herbst", sagt Lara. „Im Winter arbeite ich nicht.." Sie sieht sich um. „Es ist schön hier."

Anna zuckt mit den Achseln.

„Ich arbeite für einen Zirkus. Aber die sind jetzt fort", läßt sie sich nicht beirren. „Ich bin die Assistentin des Zauberers", sagt sie. „Manchmal tanze ich auf dem Seil." Sie schweigt einen Augenblick. Sie kann ihren Atem spüren.

„Wir werden uns sehen?" Fragt sie unvermittelt.

„Vielleicht", sagt Anna verwirrt und sieht in ihre schmalen grünen Augen.

Im Klosterpark führen vergessene Wege längs waldiger Ufer. Das Licht wird schon kalt, wenn sie sich nachmittags treffen. Sie liegen im hohen, verdorrten Gras des Parks. Die Laute verstummen, wenn sie es wollen. Die Zeit zieht sich wie ein Ring um den alten Park und mitten durch sie hindurch. Anna schmeckt Laras Zunge auf ihrer Haut. An der Ruine eines Turms hebt Lara den Zeigefinger an die Lippen. Durch eine schmale Öffnung kriechen sie in das allen Blicken verborgene Rund.

Sonnenstaub flirrt über schwarzem Sand. Zwischen den Steinen sammelt sich die Wärme einer fahlen Sonne. Wieder hebt Lara einen Finger an die Lippen. Sie lässt ihren Oberkörper nach vorn fallen. Mit einer kaum sichtbaren Bewegung gleitet ihr Kleid über Rücken und Hals zu Boden. Darunter ist sie nackt. Sie preßt Anna zu Boden. Jede ihrer Bewegungen schüttet schwarzen Staub über ihren Körper. Blinzelnd tastet sie sich über die Furchen zwischen ihren Rippen, bis sie Anna ganz ausgezogen hat. Ihre Zunge leckt helle glänzende Pfade auf Annas Körper. Zwischen den Berührungen ihrer Lippen schluckt sie körnigen, bitter schmeckenden Staub. Ihr Hals wird rau, während Laras Mund ihren Körper aufsaugt. Ihre nackten Körper wälzen sich im Staub. Das Licht gefriert auf ihnen. Anna spürt Laras Hände auf ihrem Körper nach innen wachsen. Sie legen sich aufeinander. Anna läßt Laras Zunge gewähren. Sie stößt so tief und so sanft in sie, daß sie alles vergißt.

Später liegt Annas Hand zwischen Laras Brüsten. Sie beginnen zu frieren. Feuchte Luft steigt von den Tümpeln. Sie hat Angst. Hand in Hand laufen sie nach Hause. Eine alte Frau schaut auf. Anna ahnt, morgen weiß es jeder im Ort. Sie tasten sich durch den dunklen Hausflur. Draußen vor dem Fenster sieht Lara auf die Nacht wie auf ein großes schwarzes Segel, an das sie jede Bewegung, jeden Atemzug und jeden Laut von Anna heftet.

„Du gehörst mir", sagt sie und meint es ernst. Plötzlich lächelt sie und schläft ein. Anna muß ins Büro. Sie verabschiedet Lara mit einem spitzen Kuß.

Es regnet. Im glasigen Dunst des Regens wölbt sich der Asphalt, reißt den Blick in die Tiefe einer spiegelnden Fläche, auf der das stumpfe Lid des Himmels schwimmt. Sie treffen sich. Anna will es ihr sagen. Aber Anna kauft ein Auto. Sie fahren fort. Wird es spät, nimmt sie Lara mit zu sich in ihre Wohnung. Einmal sagt Lara: „Ich liebe dich" zu ihr. Es ist das erste Mal. Neben den Stern in ihrem Heft zeichnet Lara Bruchstücke von Annas Körper. Sie laufen über die vom Regen glasig gewordenen Straßen. Eine dunkle Stille hockt unter den Dächern, die wie mißlaunige Greisengesichter aus dem Nebelmeer ragen. Abfalltonnen warten sauber geparkt in einer Reihe. In den Einfahrten stehen die neuesten Modelle deutscher oder japanischer Autohersteller. Schilder warnen vor dem Betreten der Grundstücke. Als Kind dachte Anna an einen rätselhaften Zauber. Jetzt weiß sie, daß die Straßen in diesem Land nie anders ausgesehen haben. Anna denkt, sie ist ja fast noch ein Kind, fast zwanzig Jahre jünger als ich. Es macht ihr Angst, sich als Geschöpf zum ersten Mal in ihrem Leben vollendet zu fühlen, wenn Lara sie berührt. Sie hat Angst, glücklich zu sein.

Sie bleibt immer länger im Büro. Sie geht nur durch die Straßen des Dorfes, wenn es dunkel ist. Sie treffen sich am Pavillon, weit oberhalb des Dorfes. Anna hat Angst, daß die Leute reden. Das Glas gibt nicht nach unter dem Druck ihrer Körper, ist wie alles Mauer und Begrenzung, wenn Lara sie an die Fensterfront des Pavillons preßt. Das Glas, an dem sich ihre Körper reiben, ist kalt und undurchlässig. Streifen für Streifen fällt es spiegelnd über Laras flachen Bauch, über ihre langen Beine, die sie um

Annas Rücken schlingt, über jede Bewegung ihrer immer flüchtiger einswerdenden und wieder voneinandergehenden Körper.

Anna kommt zu spät zur Arbeit. Anna schläft nicht mehr. Die Leute im Dorf reden. Ihre Eltern fragen sie, ob sie ein Verhältnis habe. Es ist verboten, sieht sie sich mit zusammengekniffenem Mund vor dem Spiegel stehen. Anna möchte ein Ende. Sie sagt: „Vergiß mich." Aber sie denkt an Laras Schattenhaut, an die Stille all jener Stunden, die Laras Lachen, Laras Blicke, Laras unerschöpfliche Zärtlichkeit in ihr zusammenfügte, als wäre das die Mitte der Welt. Lara sagt kein Wort danach. Sie starrt in den schmalen Lichtbogen über den schmutzigen Giebeln der Häuser. Sie steht nur da, bis sich ihr Gesicht langsam aufzulösen scheint und ihre vornüber geneigte Gestalt langsam in der Dunkelheit verschwindet.

Lara gibt den Platz vor ihrem Fenster nicht auf. Auch nicht, als die Nachbarn die Hunde auf sie hetzen. Eine, die so aussieht wie sie, und so schwarze Haare hat, ist eine Zigeunerin. Sie wollen keine Zigeuner in ihrem Dorf. Eines Tages ist sie verschwunden. Anna schaut auf den leeren Platz vor ihrem Fenster.

Es war schon Winter, als Lara ging. Anna kommt pünktlich zur Arbeit. Sie schläft wieder. Die Nachbarn grüßen freundlich. Wenn Anna allein ist, starrt sie auf das stumpfe Blau ihrer Augen im Spiegel. Die Luft beginnt nach dem Atem Laras zu schmecken. Sie öffnet die Lippen und sieht aus dem Fenster. Du fließt in mir, denkt sie. Die Stille wird gläsern. Wenn sie nur lange genug in sich hineinatmet, glaubt sie zu spüren, daß sie es ist, die verschwunden ist.

Robert Weber
Das Fenster zum Hof

Da stehst du wieder
nackt in meiner Küche
und ich wünschte
ich wäre mein Nachbar
der wünschte
er wäre ich

Regina Raderschall
Liebeslust

Heute hab' ich überhaupt keine Lust." Heidi zwängte sich in ihre Gymnastikhose.

„Ich auch nicht", pflichtete ihr Marion bei.

„Immerhin tun wir etwas für unsere Gesundheit!" Ermahnte ich die beiden, aber sehr überzeugt oder gar motiviert klang das nicht.

Als wir die Halle betraten, drehten die übrigen Kursteilnehmer längst ihre Runden, wobei sie auf Anweisung der Leiterin, Frau Müller-Hagenow, die Arme mal rückwärts, mal vorwärts schwangen und in den Vierfüßlergang fielen. Danach ging es an die Sprossenwand.

„Aushängen lassen und tiiief durchatmen", befahl die resolute Stimme. Irgendwie standen wir es durch, wie jede Woche, um nach einer Stunde erschöpft in den Umkleideraum zu stolpern.

„Kaffee?" Inges dauergewellter Lockenkopf tauchte aus der Dusche auf.

„Klar!" Der anschließende Gang ins Café war das Beste an der Gymnastik. Inge wollte ins *Boulevard-Café* in der Turmstraße, Heidi zum Italiener im *Marktplatz-Center*, ich zum *Café Fuhrmann* wegen der sensationellen Haustorte und Marion war es egal. Hauptsache, sie konnte irgendwo in Ruhe sitzen.

Vorher schlenderten wir über den Wochenmarkt und sinnierten mal wieder über Heidis Ersten, der immer gekonnt hatte, als einer der Händler uns den Weg versperrte. Heidis Scheidung von ihrem Ersten lag schon ein halbes Leben zurück und er selbst unter der Erde, aber in unseren Diskussionen über Männer tauchte er mit schöner Regelmäßigkeit als Beispiel des nimmermüden Liebhabers auf. Der Händler bedeutete uns, ihm zu seinem Stand zu folgen, an dem bunte Blusen im Wind flatterten und große Packen weißer Frotteesocken auslagen.

„Psst, kommen hier, nur für die Damen!" Sagte er verschwörerisch. Inge war das Ganze unangenehm, sie zog Marion am Ärmel: „Komm weiter!"

Aber die interessierte sich für ein Stoffsäckchen, das der Mann zwischen den Socken hervorgezogen hatte. Es duftete zart nach Lavendel.

„Missen nehmen und werfen, dann Libbe, große Libbe, von alle Männer!" Er kicherte und gönnte uns einen Blick in das Säckchen – es war mit ganz ordinärem Reis gefüllt. Zwölf Euro verlangte er dafür! Aber irgendwie hatte der Händler unsere Neugierde geweckt, so daß wir schließlich zusammenlegten.

Bei Tiramisu und Capucchino im *Marktplatz-Center*, untersuchten wir das Säckchen. Es hatte wirklich nichts Besonderes an sich.

„Der hat uns übers Ohr gehauen." Marion tat es bereits um ihre drei Euro leid. „Aber ausprobieren tu' ich' s trotzdem", entschied Heidi, griff hinein und warf ein paar Reiskörner nach dem knackigen Kellnerhinterteil, das sich gerade an unserem Tisch vorbei schob.

Die Leute nebenan guckten, Heidi drückte sich tiefrot geworden ins Polster, und wir anderen kamen schier um vor Lachen. Plötzlich wandte sich der Kellner, ein Bild von einem Mann, um, zog Heidi mit einem „amore mio" hinterm Tisch vor und verschwand mit ihr in Richtung Personalräume. Wir waren sprachlos.

Eine halbe Stunde später wankte unsere Freundin etwas derangiert, dafür mit einem Ausdruck unaussprechlicher Seligkeit im Gesicht, an unseren Tisch zurück. Kurz darauf erschien auch der Kellner und rechnete ab, als wäre nichts geschehen.

Es funktionierte also! Weil Marion es als Nächste probieren wollte, durchstreiften wir das *Center* nach einem neuen Opfer.

„Der?" Ich zeigte auf einen munteren Lockenkopf.

„Nö, viel zu klein."

Es war nicht einfach mit Marion, seit Jahren verwitwet, verlangte sie, wenn schon, denn schon – etwas Besonderes. Wir fanden ihn bei *Netto*, wo er mit seinem Einkaufswagen vor der Kühltruhe stand und Joghurtsorten verglich.

„Perfekt", flüsterte Marion, postierte sich direkt hinter ihm und warf den Reis. Er las das Etikett auf einem Becher und bemerkte nichts, umso mehr eine Frau, die unvermittelt zwischen Marion und dem Mann hindurch nach dem Frühlingsquark langte. Sie verharrte mitten in der Bewegung, den Blick ungläubig auf Marion geheftet.

„Oh Gott, du hast sie getroffen", entfuhr es mir.

Eine Entschuldigung murmelnd trat Marion den Rückzug zur Kasse an. Die Wagen-Schlange reichte bis zum Gemüse. Kurz bevor wir an der Reihe waren, stieß meine Freundin einen spitzen Schrei aus. Die Entflammte hatte sie zärtlich ins Ohrläppchen gebissen. Sie war attraktiv, ohne Zweifel, zwanzig Jahre jünger als Marion, mit weichen blonden Locken und strahlend blauen Augen, aber eben eine Frau.

„Zur Tiefgarage", zischte Marion. Wir rannten los, dicht gefolgt von unserem blonden Engel. Kurz vor dem Ausgang verlor Marion ihren Pumps.

„Mist", war das Letzte, was wir von ihr hörten, dann erklangen unterdrückte Kampfgeräusche. Wir mußten ihr beistehen, doch wie? Die beiden waren unter einen Kleinbus gerollt. Die bekamen wir nicht so leicht zu fassen. Inge kniete sich hin und schaute unters Auto, doch nur, um sich desto hastiger wieder aufzurichten.

„Zu spät", murmelte sie.

Ja, das war deutlich zu hören. Wir verließen diskret das Parkdeck und warteten draußen auf unsere Freundin.

Die Strumpfhosen zerrissen, das Makeup völlig verschmiert, aber ausgeglichen wie seit fünfzehn, ach was, dreißig Jahren nicht mehr, grinste Marion schief und strich ihren Rock glatt.

Nun wollte Inge es wissen und zog uns Richtung Hauptstraße fort. Bald kam uns ein kräftiger Typ im Blaumann entgegen, der ein Sechserpack unter dem Arm trug.

„Der oder keiner", hauchte sie überwältigt von soviel Männlichkeit und nestelte am Säckchen.

Schon flogen die Reiskörner durch die Luft und trafen den prächtigen Schäferhundrüden, der schwanzwedelnd auf sein Herrchen zusprang. Inge wich sämtliche Farbe aus dem Gesicht, sie hechtete um die Ecke, verfolgt von einem wild begehrenden Schäferhund und seinem überraschten Herrchen, das vergeblich das Tier in seine Gewalt zu bringen trachtete.

Wir sollten Inge an dem Tag nicht wiedersehen, aber nächste Gymnastikstunde verriet sie uns an der Sprossenwand, daß die beiden sie auf dem Wall eingeholt hätten.

„Du bist dran" entschied Heidi. Sie war der Meinung, daß ich mich nicht ausschließen dürfte.

„Na, schön", vielleicht gelang mir ja ein guter Wurf.

Wir schlenderten wie absichtslos über die Turmstraße und hielten unauffällig nach wohlgestalteten Männern Ausschau. Am Ende standen wir vor dem Rathaus. Ich wollte umdrehen, aber Heidi erklomm bereits die Stufen.

Die Eingangshalle war ziemlich voll. Eine Delegation hochrangiger Persönlichkeiten, Herren in dunklen Anzügen und wenige Damen in klassischen Kostümen hatten sich im Foyer versammelt. Ganz in meiner Nähe studierte ein durchaus vorzeigbares Exemplar die Informationstafel; groß, mit dichtem braunen Haar und einem gut geschnittenen Gesicht. Ich war bereit, ließ mir das Leinensäckchen geben und zog das Band auf. Ich hatte den Reis schon in der Hand, als mich jemand anrempelte. Daß sich die Dame sofort entschuldigte, nutzte leider nichts mehr, ich hatte die Körner bereits auf meinem Pullover verteilt.

Erst geschah gar nichts, dann wurde mir plötzlich siedend heiß. Mich überkam eine nie gekannte Lust auf diesen wunderbar weichen Körper, der mein eigen war. Ich mußte ihn fühlen, spüren, jetzt gleich, hier, sofort und auf der Stelle.

Wie mir später berichtet wurde, riß ich mir die Kleider vom Leib, um meine Begierde in aller Öffentlichkeit zu stillen, was die Umstehenden sowie das Laufpublikum derart in Erregung versetzte, daß sie mir und sich untereinander zu Hilfe kamen, was wiederum Mitarbeiter und Kollegen aus den angrenzenden Büros aufmerksam werden ließ, bis schließlich alle Abteilungen vom Kulturamt über die Meldeangelegenheiten bis zum Tiefbauamt in den Vorgang involviert waren.

Dank eines anwesenden Redakteurs berichtete der „Nordkurier" am folgenden Tag von einer spontanen und herzlichen Demonstration der Bürgernähe seitens der Behörde, ohne sich hierbei in Einzelheiten zu verlieren.

Sooft wir später noch über den Wochenmarkt gingen, den geheimnisvollen Händler haben wir nie wieder gesehen.

Hellmuth Opitz

SCHÖNER SCHEITERN kann man
nicht, als der Regen an dem
Licht dieses Sommermorgens.
Da schwärmen Blicke aus, da
wollen die Finger raus in den
Garten unter der Bluse, wo
die Himbeeren leuchtend stehn.
Und hast du nicht gesehn, sind
sie gepflückt, die Dinger und die
Finger fliegen weiter hinunter
die Leiter unterm straff gespannten
Stoff des Himmels, doch an der
dunkelblonden Hecke, erwischt sie
ein geflüstertes Nein. Was bleibt,
ist Atemlosigkeit und weiches
Nackenhaar, dazu ein glühendes
Gesicht. Nein, schöner scheitern
kann man nicht.

Xóchil A. Schütz
Übrig

Im Land liegt ein Garten. Durch den Garten fließt ein Fluß. Ich bau ein Haus, aus rauem Stein, aus Holz, und pflanze Wein. Ich bau ein Bett und schmücke es mit Muscheln, die ich fand, im Ufersand. Ich bau den Stuhl, den ich ans Fenster stell, um in den Baum zu schauen, nachts, und zu den Sternen. Ich bau die Bank, für eine laue Luft, und stell sie an die Mauer, neben meine Tür.

Ich bau dich, nachts, wenn eine wilde Katze schreit, ein Vogel. Ich baue dich aus Rauch und Luft, und du wirst niemals älter.

An meinen Händen weiß ich Adern, heut, an meinen Füßen Schwielen; wo ich barfuß gehe, hier, über die Steine und das Gras, das trocknet, über Wurzeln.

Ich bau dich, nachts, wenn ich die Augen öffne für den Mond, der sich auf grobe Dielen wirft und dabei schweigt. Ich ziehe Luft in meinen Körper, spür, wie sie entweicht. Mein Körper ist jetzt älter, du bist noch immer jung. Nur unter deinen Augen seh ich Jahre, Ringe, alles, was du niemals mochtest.

Ich bau dich nachts, aus Stoffen, die ich gestern fand, die ich verwenden wollte für ein ganzes Leben. Du wolltest dich nicht geben.

Und im Gebälk über dem Mond hängt dein Gesicht, du siehst zu mir. Und ich setz mich auf und warte, daß du zu mir kommst. Ich lege meine Arme offen auf das Laken, kühl, schließe die Augen, meine Lippen springen auf und dir entgegen. Ich möchte meine Arme wieder um deinen Körper legen. Ich möchte deine Brust berührn, mit meinem Haar. Und deine Glieder spüren, alle. Nimm meine Lippen auf in deinen. Leg deine Hand an meinen Hals, beginne, mich zu kosen, bis ich der warme Wind bin, draußen, in der Nacht, und eine Lichtgestalt an dir. Bau dir ein Zimmer in mir. Erweiter mich, erweiter Leben. Etwas von mir will sich mit dir verweben. Und ein Feuer brennt in meinem Bauch, so stark und still. Und ich atme laut und bin in deinen Händen. Und ich spüre dich, du wächst und wächst in meinen Wänden, bis du springst. Und mein Becken springt, springt dir entgegen.

Erst dann kann ich schlafen. Mich wieder unter das Laken legen.

Und was du da läßt, das sind Tränen. Jahre schon sind sie bei mir, erinnern mich an diese Sehnen unter deiner Haut, die ich gespürt hab, als ich dich umarmte, dieses letzte Mal, in einem Zimmer in der Stadt. Als schon ein zweites Herz in meinem Körper pochte, eines, das ich reißen ließ aus mir, von einem Mann, der einen Kittel trug und mich betäubte.

Das Leben hat mir all das dagelassen. Schreie, Ohnmacht, Türen, die du schloßt, und unsre roten Augen.

Ich sitze auf der Bank und hör dem Wasser zu. Ich sitze auf der Bank und höre die Zikaden. Und alle Äpfel, die ich pflücken werde, pflücke ich, um auf der Bank zu sitzen und dich zu vermissen.

Jan Volker Röhnert
Aus dem Zyklus *Kaschmir der Sirenen*

Das Echo deiner Blicke macht
mir Gänsehaut: Wir entdecken, daß
wir wie der Mond elastisch sind
und nichts als eine Naht
uns voneinander trennt – eine
japanische Kulisse aus weißem
Pergament, das meine Gestalt
vor dir als Silhouette zeichnet, die
wie ein Specht sich unentwegt

verneigt. Es ist nicht die Jahreszeit,
sich in der Mittagssonne auszustrecken,
auch wenn die Agentur der Mode nie
etwas andres als „Das süße Leben" oder
„In the mood for love" auf
ihrem Wappen führt, dem Schnittmuster
doldengelber Kimonos, einer Prozession
von Sonnen, die uns durch den Plüsch
der Nacht chauffiert – am Morgen

steht dein Schriftzug auf dem Monitor
wie ein Lacksiegel auf Büttenpost
bestätigt, daß unser Spiel
in eine neue Runde geht – zwischendurch
beraten uns die Magazine, die Konfusion
vom Tisch zu bürsten, alle Gedanken
auf eine Idee zurückzuführen und
die Lider mit Kajal zu salben – bis uns
„das richtige Leben" zusammennäht.

Dein Muster zu verfolgen heißt
dich wiedererkennen wie ein Sprichwort,
In dem das All und all die kleinen
Mädchen enthalten sind, als
Leuchtbuchstabenalphabet, das, im
rosa Neontaumel, dein viskoseblauer
Schritt Tag und Nacht skandiert:
Nichts und niemand untertan
außer dem Gespür, jemand, auf

der Asphaltbahn, klebt mit dem Blick
an deinem Lack und läßt
dich nicht mehr los, bis es den Schnee
über die einsame Kreuzung treibt –
Erdbeeren Tomaten Äpfel Brot im Gepäck
und der Feenwind landet postwendend
auf den Tasten des Akkordeons: Für Ohr
und Gaumen nach deinem Geschmack,
Kollekte deiner Phantasie – die geniale

Betrügerin im Anorak aus rotem
Segeltuch, die auf verqueren Pfaden
durch den Paradiespark navigiert.
Du kaust den blauen Äther, um
ihn wieder auszuspucken, der Rest
bleibt entzückende Verkleidung,
die wie ein verstricktes Silbenrätsel
deinen Leib umgibt: Den Song
muß ich nicht neu erfinden – ich sehe dich.

Wie wir, in der Laterna magica, die
Dinge kreiseln um sich selbst: Ich
stand auf der Erde mit beiden Beinen –
aus dem Traum ragte dein Knie,
wo das Leder der Stiefel
zu scheuern begann, dein schlenkernder Saum
schälte den Tag aus der Dämmerung. Erst,
nachdem ich quer durch laubraschelnde Alleen
gegangen bin, kann ich dir mich

zu Füßen werfen und du weißt es ist wahr,
ich hielt die Sonne für dein Gesicht,
das im Eilzug der Zeit durch die
phantastischen Räume des Globus reist:
Stets blicke ich hinter dir her,
doch ich liebe dich so, und
über den Kämmen zu streifen in
ätherischer Früh bleibt die einzige Art
für mich am Leben zu sein: Das Blau

spannt sich um deine Figur
wie die Haut eines prallen Ballons,
der mir ewig zu denken gibt,
da er auf Nimmerwiedersehen entschwebt.
Am anderen Ende der Welt erst holt
in unserer Erschöpfung der Winter uns ein
und ich „lüfte" dein Rätsel für einen Moment:
Was du anziehst und fortwirfst, die Garderoben
und Schals, eine Arabeske, dein Namenszug.

Vorabdruck aus dem elfteiligen Zyklus Kaschmir der Sirenen, *der im Frühjahr 2007 im Band* Schaumstoff *erscheint: Edition Azur, Bd. 4, hrsg. von Helge Pfannenschmidt. Glaux-Verlag, Jena & Dresden.*

Jürgen Große
Das Liebesleben

Das Leben, dieses Nebenprodukt der Liebe ...

Geliebt will sein, wer sich nicht mit der Kränkung abfand, am Leben zu sein.

Der Trieb des Menschen ist nicht tierisch, doch er wohnt in einem Tier; daher die Unbeholfenheit seiner Ausbruchsversuche.

Wenige verstehen es, sich lieben zu lassen.

Das Lächeln ist die Hornhaut der Seele.

Treue ist für nördliche Gegenden. Man kann niemanden warten lassen in der Kälte.

Wen Schönheit nie mitleidig stimmte, der weiß nicht, was Zärtlichkeit ist.

Wahre Leidenschaft verträgt keine Vertraulichkeiten.

Ehefrauen sind Frauen, wenn man es möchte; Geliebte sind es, ob man möchte oder nicht.

Es gibt Frauen, mit denen einen nichts verbindet, als daß man sie liebt.

Die Anbetung wird leicht frivol, da sie der Realpräsenz ihres Gegenstandes nicht bedarf. Wer nicht beten kann, soll auch nicht anbeten.

Verliebt sein heißt tun, was der andere will. Die Verliebtheit endet mit der Einsicht, daß der andere nichts will, also bloß uns selbst.

Christiane Franke
Immer wieder Dienstags

Es schneite an diesem Dienstag Anfang März. Dicke, schwere Flocken fielen vom Himmel, der aussah wie ein Apfelschimmel. Britta war das egal. Sie bezahlte den Sauna-Frühtarif, erhielt das rote Bändchen mit dem Chip und lief die Treppen hinauf. Während sie sich im Umkleidebereich auszog, fragte sie sich, ob Daniel heute auch da sein würde. Beim letzten Mal hatte sie ihn kennen gelernt, als sie gemeinsam frierend im Saunagarten an ihren Zigaretten zogen. Britta verschloß den Schrank, schnappte ihre Tasche und ging in den Saunabereich, wo sie unter der Dusche heißes Wasser auf sich herabprasseln ließ. Dabei hielt sie mit den Händen die Brustwarzen bedeckt, denn der harte Strahl tat ihr an diesen Stellen weh.

Als sie kurz darauf die Treppe in den unteren Saunabereich hinabstieg, lachte ihr schon eine Stimme entgegen: „Hey! Schön, daß du auch da bist. Dann können wir ja zusammen das ganze Programm durchziehen."

Daniel. Die Füße in einem Keramikbecken mit dampfendem Wasser saß er da, ein breites Lächeln auf dem noch jugendlichen Gesicht. Britta schätzte ihn auf Mitte Zwanzig, also bestimmt 15 Jahre jünger als sie selbst.

„Hey." Sie stellte ihre Tasche im Regal ab und setzte sich neben ihn. Gentlemanlike ließ er in das andere Fußbecken Wasser ein und zufrieden spürte Britta, wie die Wärme in ihren Beinen hochstieg. Entspannung pur.

„Hast du heute wieder Nachtschicht?", fragte sie Daniel, der als Pfleger in einem Oldenburger Krankenhaus arbeitete.

„Jau. Muß erst um acht antreten. Hab übrigens gehofft, daß du heute kommst. Ist schöner, wenn man zu zweit hier ist."

Britta lachte auf. War schon ein witziges Gefühl, wenn ein jüngerer Mann so was sagte.

„Wie geht's Mike?" fragte sie. Daniel hatte erzählt, daß sein Zwillingsbruder in der Klinik lag, wieder einmal mit Asthma. Mit Allergien hatten sie beide zu kämpfen, wenngleich Mike schlimmer dran war. Bei Daniel hingegen waren es überwiegend Nahrungsmittel, und die meisten, so sagte er, konnte er prima meiden. Bei einigen sei es allerdings sehr schlimm, da müsse er höllisch aufpassen. Britta kannte sich auf diesem Gebiet aus, denn ihre Tochter Nina war Neurodermitikerin.

„Sie haben wieder was Neues festgestellt, auf das er reagiert", sagte Daniel nun, „eigentlich darf man gar nicht in eine Klinik gehen, die finden eh immer wieder etwas."

„Muß ja aber sein, Daniel", sagte Britta. Sie ließ das Wasser aus dem Becken, stand auf und schlüpfte in ihre Badelatschen. „Ich geh in die Kaminsauna."

„Da komm ich mit." Daniel schnappte sich ebenfalls sein Handtuch, warf es über die Schulter und hielt ihr galant die Türen auf. Britta schmunzelte insgeheim.

Die große Blockhütte war leer. Hinter einer Glasscheibe flackerte ein munteres Feuer und brachte zusätzlich zum Saunaofen Wärme, wie ein dickes Federbett im Hochsommer. Britta streckte sich auf ihrem Handtuch aus. Daß sie im Schambereich rasiert war, war ihr in dieser Umgebung anfangs peinlich gewesen, aber bei Daniel spielte das keine Rolle. Außerdem saß er auf der anderen Seite, hatte also reichlich Abstand und ob er wirklich so genau hinsah ...?

„Ist dein Mann nicht eifersüchtig, wenn du mit fremden Männern in der Sauna bist?", fragte Daniel unvermittelt.

Britta schüttelte den Kopf: „Nein. Auf wen denn?"

„Na, auf mich zum Beispiel. Oder auf andere, die du hier kennen lernst."

„Quatsch. Ist doch alles harmlos, ist doch nichts dabei."

„Meinst du?" Daniel grinste frech und setzte sich auf. „Bist du eigentlich schon mal fremdgegangen?"

Britta lachte. „Ich glaube nicht, daß dich das was angeht." Sie rieb sich mit der Hand über Arme und Beine, um das Schwitzen anzukurbeln. Sie schwitzte nicht so leicht, Daniel hingegen lief das Wasser schon in Strömen über die Haut.

„Los, sag schon", drängte er. „Ihr seid so lange zusammen. Kann man das überhaupt, ohne das Bedürfnis nach jemand anderem zu haben? Ist der Sex immer noch gut oder flaut das ab? Schlaft ihr überhaupt noch miteinander?"

Nun richtete sich auch Britta auf. Was war das denn jetzt? Sollte sie die Rolle der mütterlichen Ratgeberin geben?

„Ja, man kann so lange zusammen sein und noch Spaß am Sex haben", sagte sie. Auch bei ihr begann jetzt der Schweiß zu rinnen, erste Tropfen bahnten sich den Weg zwischen ihren Brüsten hinunter.

„Also, bist du schon mal fremd gegangen?"

„Mir wird das hier zu heiß." Britta stand auf, band sich ihr Handtuch um die Brust und ging nach draußen.

Als sie Abends im Bett lag, gingen ihre Gedanken noch einmal zurück. Beim Milchkaffee hatte Daniel erneut nachgehakt und, sie wußte nicht warum, irgendwie hatte sie der Teufel geritten. So hatte sie ihm erzählt, daß sie doch einmal fremd gegangen war. Vor vierzehn Jahren.

Nun aber plagten sie Gewissensbisse. Sie hätte Daniel nichts davon sagen sollen. Wenn nun ...

In den folgenden Wochen ließ Daniel das Thema „fremd gehen" unberührt, allerdings schlich sich ein neckend-flirtender Unterton in ihre Unterhaltungen. Inzwischen schickten sie sich auch SMS – alles ganz harmlos. Jeden Abend warf Britta einen Blick auf ihr Handy, jeden Abend fand sie eine Gute-Nacht-SMS von ihm vor. Und ertappte sich dabei, daß sie lächelte, wenn sie seine Nachrichten beantwortete.

Der Frühling hatte die Stadt schon längst erobert, als Britta im Saunagarten die Sonne auf ihren nackten Körper scheinen ließ. Auch einige der anderen Liegen waren besetzt, im Schwimmbecken zog ein älteres Ehepaar seine Bahnen.

Herrlich, dachte Britta, als sie zu ihrer Flasche Mineralwasser griff und einen großen Schluck trank.

„Ich denke, es ist an der Zeit, daß wir uns auch außerhalb der Sauna treffen."

Britta meinte, nicht richtig zu hören. War das tatsächlich Daniel, der das so nebenher von der linken Liege sagte? Sie setzte die Flasche ab, drehte langsam den Verschluß darauf und sah ihn an.

„Wie bitte?"

„Ich denke, wir sollten uns mal Abends treffen."

Er lächelte sie an.

„Warum?"

„Weil ich mit dir schlafen will. Darum."

„Daniel, bitte! Ich bin fast fünfzehn Jahre älter als du. Such dir eine andere."

„Ich will keine andere. Ich will dich."

„Geht nicht."

„Nein?"

„Hör mal, ich mag dich. Wirklich. Aber ... das geht nicht."

„Doch, das geht. Hast du doch schon einmal gemacht. Ich stell mir das wunderschön vor. Zuerst würde ich dich massieren, ganz langsam. Ganz zärtlich. Dann würde ich dich küssen. Überall. Und streicheln, bis du vor Wonne stöhnst. Und dann ..."

„Nein, Daniel. Hör auf. Ich will nichts mehr davon hören." Abrupt sprang Britta auf. Im Schwimmbecken tauchte sie unter, versuchte, einen kühlen Kopf zu bekommen. Auf was hatte sie sich da nur eingelassen?

Aber Daniel hörte nicht auf und schließlich ging Britta an jenen Tagen in die Sauna, von denen sie wußte, daß er nicht da war. Dennoch wurden Daniels SMS immer drängender. Keine Spur mehr von Andeutungen. Jedes Mal, wenn Britta jetzt an ihr Handy ging, spürte sie einen Kloß im Hals. Und als diese SMS kam, wurde ihr schlecht: „Du wirst mit mir schlafen", hieß es, „sonst berichte ich deinem Mann von deiner Affäre. Er kann sicher rechnen. So wie ich. Nächsten Dienstag in der Sauna."

Britta schluckte. Fühlte, wie ihr der Schweiß den Rücken hinunter lief, rieb sich verzweifelt über den Mund. Was sollte sie tun? Daniel hatte recht, Nina war das Produkt dieses Seitensprunges, aber Stephan hatte sich nie Gedanken gemacht, warum es mit einem zweiten Kind nicht geklappt hatte. Wenn er es nun erführe ...

Noch nie hatte Britta so weiche Knie gehabt wie an diesem Dienstag. Sie mußte Daniel von seinem Vorhaben abbringen, ihn überzeugen, daß sie auf keinen Fall mit ihm schlafen würde. Sie mußte. Andernfalls ...

Bevor sie den Spind verschloß, stopfte sie sich noch eine Handvoll Studentenfutter in den Mund. Nervennahrung. Es war heute schon die zweite Tüte. Diesmal wärmte weder der Saunaofen noch das Kaminfeuer. Ihr war kalt, als sie mit Daniel allein in der Blockhütte saß. Wo zum Teufel waren die anderen? Konnten die nicht einmal hier sein, wenn man sie brauchte? Heute saß Daniel neben ihr, ließ seine Hand über ihren Rücken wandern.

„Hör auf." Britta rutschte ein Stück ab.

„Wirklich?", lächelte Daniel.

„Bitte. Das, was du willst, geht nicht. Ich will es nicht. Und ich tue es nicht." Brittas Tonfall wandelte sich von bittend in bestimmt.

Doch Daniels Stimme behielt die Zärtlichkeit, war ein einziges Streicheln, als er sagte: „Dann werde ich eben mit deinem Mann telefonieren müssen. Der Arme, warum mußt du ihm das antun?"

Wieder rutschte er näher, diesmal wanderte seine Hand über ihre Brüste hinunter in den Schambereich. Eisige Gänsehaut stieg in Britta auf. Sie zitterte.

„Warum ich?", fragte sie. „Warum suchst du dir nicht eine, die zu dir paßt?"

„Ist dir denn gar nicht bewußt, wie schön du bist? Wie erotisch? Wie scharf du mich machst?" Seine Hand bewegte sich auf ihrem Schoß. Britta schluckte.

„Du läufst nackt vor mir rum. Ich kann dich angucken, aber nicht anfassen. Hat dein Mann dir gesagt, daß du eine alte Frau bist?" Die Finger wanderten zwischen ihre Schenkel. „Das bist du nicht, du regst mich zu den wildesten Phantasien an. Und ich will das Vollblutweib in dir zum Kochen bringen." Seine Hand tastete sich noch weiter vor. Britta stieß die Luft aus.

Okay, wenn es nicht anders geht, dachte sie. Sie schob seine Finger weg. Wandte sich ihm zu, lächelte. Atmete noch einmal tief ein. Dann beugte sie sich vor und küßte ihn. Sofort öffnete er seine Lippen, Zunge spielte mit Zunge, seine Hände glitten über ihren nun schweißnassen Körper.

Doch das Lustspiel währte nicht lange. Dauerte nur Sekunden. Dann sackte Daniel in sich zusammen. *Anaphylaktischer Schock*, schrieb der Notarzt in den Totenschein. Irgendwie mußte Daniel ohne sein Wissen mit Haselnüssen in Kontakt gekommen sein. In welcher Form auch immer.

In Brittas Haushalt jedenfalls war seitdem stets eine Tüte Studentenfutter zu finden.

Bernd Leistner
Chloris

Da sah ich jüngst im Hallenbad,
Daß sie gar pralle Ballen hat.
Den Körper freilich weiter unten
Bepickelten drei Eiterwunden.
Und meine Lust zum Zwickelpicken
Verging aus Furcht vorm Pickelzwicken.
Indes, zu einem Musenbiß
Kam's dennoch durch die Busenmiss.

Anja Müller
Die Liebe eines Regenwurms

Regenwürmer weckten in Rosalie einen Ekel wie kein anderes Tier. Schon die Art, wie der knochenlose Leib mit den ringförmigen Segmenten sich fortbewegte: Zunächst wurde er lang und dünn, dann dick und kurz, und während der ganzen Prozedur verließ er nicht einen Millimeter den Erdboden. Und dann der Gedanke, was sie während ihrer Reise alles streiften! Ob über oder innerhalb des Erdbodens: Vergammeltes Laub, Hundekot und alle anderen Arten von Exkrementen, tote Mäuse, Vögel und sonstiges Getier, Mist, Abfälle, Erbrochenes, undefinierbare Mikroorganismen, Schimmelpilze, Parasiten und dergleichen mehr. Aber es war nicht nur das Milieu, in dem sie lebten. Was sie außerdem so verabscheuungswürdig machte, war ihre Dummheit und die Tatsache, daß sie keine Augen hatten, in die man hineinsehen und hinter denen man irgendeine Intelligenz vermuten konnte. Ihre Dummheit? Wie sonst sollte man es nennen, daß sie bei Regen wie verrückt an die Erdoberfläche strebten – und man stelle sich diesen Prozeß einmal bildlich vor, in einem Querschnitt durch das Erdreich: Tausende von Würmern bohren sich vertikal nach oben, quetschen sich ans Licht und das ohne eine Spur von Vorsicht, ohne den Funken von Instinkt für die Gefahren dort. Ob nun aus Furcht zu ertrinken oder aus Liebe zum Regen – in ihrem dullen Drang sah man Regenwürmer sogar Straßen und Fußwege kreuzen, wo sie gewiß nicht lange brauchten, um ihren Tod zu finden. Man wollte sie schlagen, so dumm waren sie. Sie machten Rosalie aggressiv, und zwar deshalb, weil sie sie immer von neuem zwangen, sie anzusehen, sich auszumalen, woher sie kamen und was von ihnen in Kürze höchstwahrscheinlich übrig sein würde. Ganz abgesehen davon, daß man zu bestimmten Zeiten wirklich nirgends spazieren gehen und währenddessen den Blick zum Himmel schweifen lassen konnte, weil man auf Schritt und Tritt gezwungen war, ihnen auszuweichen, denn eine der an Ekel reichsten Erfahrungen war zweifellos, einen von ihnen zu zertreten. Nicht nur wegen des Anblicks, den sie anschließend boten, sondern auch wegen der Vorstellung, zumindest mittelbar mit ihnen in Berührung gekommen zu sein. Rosalie konnte Leute nicht begreifen, die imstande waren, Regenwürmer anzufassen. Es schüttelte sie so, daß sie sich abwenden mußte. Es erinnerte sie daran, wie eines Tages in der dritten Klasse ihr Schulkamerad Edgar vor ihren Augen einen Regenwurm zerkaut und heruntergeschluckt hatte.

Doch am schlimmsten für Rosalie war ihre Farbe, ihre nackte Verletzlichkeit. Dieses babyhafte, schöne Rosa, das an eine Wolkenwelt ohne Schmerz erinnerte, an Geborgenheit – und nichts besaßen sie weniger als diese, wenn sie sich rosa und lang und dünn und dick und kurz über den Asphalt schoben. Sie waren so bar jeden Schutzes in ihrem verhängnisvollen Drang ans Tageslicht, daß es Rosalie vor Scham die Tränen in die Augen trieb. Am ganzen Regenwurm existierte nichts Hartes, kein Panzer schützte sie, und sie gaben sich einfach so preis, gaben sich hin ohne Vorsicht, wo ihnen Verluste doch immer sicher waren – woher nahmen sie diese Freiheit, diese Leichtfertigkeit? Wie konnte ein Lebewesen so niederen Trieben folgen ohne ein entsprechendes Gegengewicht von Raffinesse oder wenigstens Wehrhaftigkeit? Sie hatten weder Würde noch Rückgrat und ein korrupter Mensch wurde völlig zu Recht als Wurm bezeichnet, wie Rosalies Ex-Mann, der sie wegen einer reichen jungen Schwedin verlassen hatte.

Nein. Regenwürmer, Würmer aller Art, verdienten keinen Respekt. Sie verdienten es noch nicht einmal, daß man sich über sie aufregte.

Doch dann geschah etwas. Tagsüber war es unerträglich heiß gewesen, und nachts zeigte das Thermometer kaum Abkühlung. Rosalie ging um halb elf nackt zu Bett. Im Liegen lief ihr am ganzen Körper der Schweiß herab. Sie hatte gerade drei Seiten in ihrem Buch gelesen, da fing es an zu gewittern, als ob eine Urgewalt alles Unrecht der Welt auf einmal vergelten wollte. In der Wohnung schlugen die Türen zu, Gardinen blähten sich bis zur Decke. Rosalie verriegelte die Fenster und lauschte dem Rauschen des Regens, der in Bächen alles überschwemmte. Die Donnerschläge brachten das Haus zum Beben. Nach einer halben Stunde war es vorbei. Rosalie riß im Schlafzimmer die Terrassentür auf, erfreut über die Frische der Nacht.

Nachdem sie einige Stunden unruhig geschlafen hatte, erwachte sie. Ihr linkes Ohr schien taub. Stille stand greifbar im Raum. Rosalie dachte, daß ihr die Donnerschläge noch präsent waren und darum die Stille um so stiller erschien. Durch die offene Terrassentür wehte ein Lüftchen herein, und die Bäume rauschten ihr mitternächtliches Lied. Im Zimmer duftete es nach dem weißen Flieder, der draußen vor der Tür in einem Kübel stand. Doch die Gardine hing nicht mehr an ihrem Platz. Sie lag am Boden, samt Stange, als hätte jemand sie beim Hereinkommen heruntergerissen.

In diesem Moment bemerkte Rosalie das Pulsieren zwischen ihren Beinen. Rosalie lebte allein und seit Jahren hatte keine Liebelei die Klarheit und Vernunft ihres Gemütszustandes beeinträchtigt. Auch war sie weder alkoholisiert noch von sonstigen Drogen berauscht, sondern völlig nüchtern und bei Verstand.

Im Wachwerden – sie hielt es zunächst für die Nachwirkung eines Traumes – wurde ihr klar, daß etwas in ihr drin steckte und ihr Inneres liebkoste. Es war eine köstliche Empfindung. Etwas schmiegte sich an sie, warm und weich. Rosalie tastete nach dem, was neben ihr im Bett lag. Ein glatter, runder Leib, der etwa alle zwanzig Zentimeter eine Einschnürung aufwies. Sie konnte den Arm darum legen, ohne daß ihre Finger auf der anderen Seite das Laken berührten. Sie keuchte vor Entsetzen und wollte sich losreißen, doch das Gefühl zwischen ihren Beinen war überwältigend. Sie untersuchte, was dort war. Es fühlte sich an wie der Leib neben ihr, nur viel dünner, und es nahm kein Ende und wurde zunehmend dicker, je weiter sich ihre tastende Hand von ihrem Geschlecht entfernte.

Plötzlich zog sich das Wesen aus ihr zurück, langsam, und sie fühlte jede seiner kleinen Rillen tausendfach dabei. In Ihrem Unterleib begann eine längst vergessene Melodie zu spielen, die sich zu einem kaum erträglichen Crescendo steigerte. Schauer einer morbiden Lust liefen über ihre Haut. Rosalie erstarrte. Sie wollte, daß es blieb, wo es war, was auch immer es war.

Das Wesen schien ihren stummen Ruf gehört zu haben, denn es schob sich wieder in sie hinein, so tief, daß es den unerreichbaren Ort erreichte, dessen Berührung Rosalie die Tränen in die Augen trieb. Erschüttert drehte sie sich auf die Seite und schlang Arme und Beine um den runden Leib, rieb sich an ihm, und das Wesen drängte herzu, umrahmte ihren Kopf, wurde ihr Kissen, und bewegte sich in trägen Wellen zwischen ihren Brüsten und Beinen, während etwas über ihre Brust strich und zugleich auf ihrem Bauch zu tanzen schien. Eine Weile war nichts zu hören außer Stöhnen und Schluchzern. Und am Ende ein langer Schrei.

Betäubt blieb Rosalie liegen, so fremd war der Schrei, so fremd alles andere. Schließlich knipste sie ihre Nachttischlampe an. Kurz flammte das Licht auf, kurz nur, denn die Glühbirne explodierte, und in dem kurzen Moment erblickte sie die Farbe Rosa. Rosa, Pastellrosa, Lachsfarben, Orangerosa bis hin zu Pink. Die Farbe Rosa, in ihren schönsten Schattierungen.

Rosalie fiel in einen friedvollen Schlaf, den friedvollsten seit langem.

Günter Meder
Du in mur

Du und uch
In Lube verbunden
Uns trunkend

Ruter Wein
Aus Dunum Buch-Nubel
Butt-Luken
Befluckend

Duch lubkusend
An ullen Stullen

Meine Nuse
An Dunum Geschlucht
Ruchend und schluckend

Mein Mund
Kussend Dune
Grußen schwuren Bruste
Fuhlend Dun Rund
Fuhlend Dun Mund
Mit muner Zunge
Und Luppen

Lubend
Du in mur
Ich in Dur

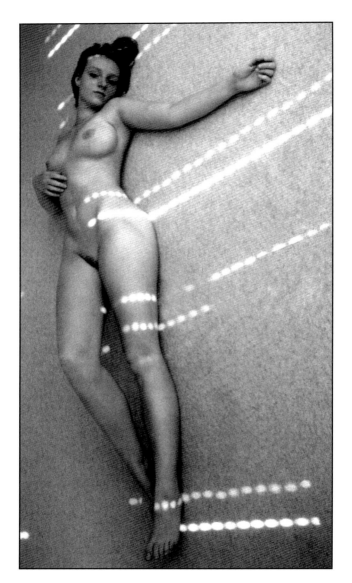

Katharina Zimmermann

Lolita

Ich kannte mal ein Mädchen. Das war verliebt in einen Mann und wenn sie schon gestorben ist, dann lebt er noch heute.

Wie sie war oder ist: sie hatte braune Haare. Die haben ziemlich blond gewirkt. Sie hatte hübsch geschwungene, hellrosa Lippen unter dunkelroten Backen. Deren Farbe hat nie umgeschlagen. Selbst, wenn sie hocherregt war, war das Hellrosa nicht mehr als dunkelrosa. Sie hatte tiefe Augen. Tiefschwarz. Ihr Augenaufschlag, ein Schlag ins Herz. Ihr Gang, der einer beinamputierten Gazelle gleich. Sie schwebte. Ihr Körper zerbrechlich, wie sie. Ihre Stimme stimmte. Aber nicht mit ihrem Charakter überein. Sie war rau, denn sie rauchte. Aber, wenn sie wollte, konnte sie auch klingen wie eine Nichtraucherin. Und sie konnte auch so zittern, wie eine Raucherin. Das machte sie toll. Sie erschien so perfekt, in ihren Entzugserscheinungen. Marienerscheinung des Entzugs. Anbetungswürdig hat sie gezittert. Nahm ihr rotes Glas Weißwein. Einen Schluck gegen den Entzug. Zog eine Line. Einen Zug gegen den Entzug. Verschluckte bunte Tabletten und den Entzug runter. Sie hatte Sex mit ihm und gegen den Entzug.

Liebe! Schrie sie, wenn sie ihre Gliedmaßen an Wände schmiß. Liebe! Schrie sie, als ihr Kopf im Sand steckte. Und Liebe! Schrie sie, wenn ihr Kopf zwischen seinen Beinen steckte. Sie drückte dieses Wort wie eine Spätgeburt aus ihrem Körper. Schmiß es in jede Ecke. Sie schmiß sich sogar mal mit ihm aus dem Fenster.

Sie suchte es überall. Sie fand immer nur die Hüllen, die die Liebe übrig ließ. Einen zweiten Socken. Ein Kondom mit Saft. Einen Geruch im Kissen. Wie die Haut einer gehäuteten Schlange, lag sie neben ihr, auf ihr und unter ihr, die Liebe. Die Schlange schon weit weg. Mindestens wieder bei Adam und Eva.

Wie sie aussah! Ihr Aussehen glich ihren Taten. Ein Hauch von Kindlichkeit. Das sah man an ihren hellrosa Brüsten. Ein Hauch von Traurigkeit. Das sah man am seltenen Lachen. Ein Hauch von Fröhlichkeit. Das sah man am seltenen Lachen. Ein Hauch von allem, das sah man am Fähnchen im Wind. Sie war Trug. Sie war Lug. Sie war die Grazie im Gang. Der Dämon im Schritt. Und verliebt.

Ihre langen Haare wollten nur für einen Mann so braun sein. Ihre Augen nur für zwei. Ihre Lippen wollten sich nur für einen spitzen. Ihre Arme räkelten sich, um den Gedanken einer Umarmung von ihm. Ihr Hals wollte sich nur für ihn um Anerkennung recken. Nur einen wollte sie mit ihrer Wahrheit erschrecken. Laut kreischend. Still schweigend. Blutig kratzend. Katzen tatzend.

Ich will! Ich will! Ich will! Ich will! Ich will! Ich will!

Du Kind! Halt und sei still! Nicht immer sagen *ich will*! Ich will! Ich will! Ich will! Ich will! Ich will dich!

Lolita! Rück näher.

Sie rückte näher. Mit Entzugserscheinungen. Sollte sie den Wein rein, die Line, Tabletten oder verrecken?

Und ihr kleiner Hintern setzt sich zwischen seine Beine. Kleine Weile. Spürt Härte, die ihn weich macht. Es berührt ihn ihr Blick, es umarmt ihn ein Kuß, ihre Zunge streichelt ihn, ihre Hand liebt ihn und in der Mitte liegt eine Melodie und oben drauf sie. Lolita zischt dem Herrn ins angeknabberte Ohr: „Mit Ihnen bin ich in den siebten

Himmel aufgestiegen, mit dir möchte ich im Meer der Liebe untergehen."

Doch er hört nicht, denn er stöhnt.

Dann begann sie zu weinen. Sie wollte ein Fest mit ihm. Nicht fest mit ihm. Sie wollte in seine Augen schauen und Aussichten haben. Sie wollte sich in seine Lachfalten setzen und mit jedem Lachen von ihm drin abheben. Sie wollte tanzen, zu Musik. In ihren Ohren. Sie wollte sich an seine starke Schulter lehnen und ihre Zerbrechlichkeit testen. Sie wollte ihm die Hand geben und mit seinem Ehering spielen, die Heiße. Bis er schmilzt. Der Ehering. Sich in ihn einbrennt. So, daß er nie seine Frau verlassen kann. Denn sie war ihr Schutz. Ihr Schutz vor der Absolution. Der Absolution in Person. Der Schutz vor ihm. Vor der Liebe. Der Schutz eines Traumes. Nie war sie so verliebt. So verliebt war sie noch nie. Sie wollte auf ihn warten, bis sie zumindest gleichgroß wie ihre Liebe war. Doch die Liebe wuchs und wuchs. Und sie wuchs über sie hinaus. Über sie, die noch immer einen Meter fünfzig war. Der Hals der Liebe wurde immer länger und länger. Zerbrechlicher. Drohte mit Genickbruch. Sie bekam Höhenangst, die Liebe. Sie reckte und streckte ihren Hals über jeden noch so siebten Himmel. Pimmel. Doch der Überblick war ihr damit nicht sicher. Von dort oben. Sah sie nur noch ein Meer der Liebe unter sich. Mit vielen Haien. Die beißen dich tot. Mit vielen kleinen Fischen in Not. Mit vielen Algen. Sie wirken wie Galgen. Und inmitten von Salz und Wasser das Boot vom Fischer. Einsamer Fischer. Er fischte. Nach Liebe? Nach einem guten Mittagessen? Sein Köder war die Unerreichbarkeit. Der Köder war das Verbot, das sich über ihre Nichtraucherstimme legte, wenn sie „Herr Bubleck" sagte. Der Köder war das „Herr Bubleck", das nur sie so ausspracht, als wär es ein Geheimnis. Der Köder war der Herr im „Bubleck". Sie wollte es tausenundeinenachtlang sagen. „Herr Bubleck". Der Köder war das Spiel, das man nicht gewinnen konnte und so auch nicht verlieren. Das Lieblingsspiel der Lolita war „Herr Bubleck". Sein Köder war ein gutes Ende. Beiße ich an, bin ich tot. Beiß ich nicht an, sterbe ich.

Christopher Kloeble
Generalprobe

„Wollen wir gleich anfangen?"
„Sehr gerne."
„Hast du dich gewaschen?"
„Gründlich."
„Wir nehmen nur die Gummis. Keine anderen."
„Einverstanden."
„Soll ich mich schnell oder langsam ausziehen?"
„Ich möchte dich gerne ausziehen."

Einmal begegnete Silvana nackt dem Mann, der den Wasserzähler austauscht. Sie stieg eben aus der Dusche, da öffnete er die Tür. Der Zufall hätte ihn nicht besser leiten können. Wäre er eine Sekunde früher ins Bad getreten, sie hätte sich noch hinter der Milchglastrennwand befunden – mehr als Schemen nicht zu erkennen; und wäre er einen Moment später eingetreten, sie hätte sich bereits in den Bademantel gehüllt. So aber erhielt er einen uneingeschränkten Blick. Sie fand das komisch und scherzte, was wohl geschehen wäre, hätte ich mich nicht im Nebenzimmer aufgehalten. Während sie das sagte, drückte sie ihren Busen gegen mich und lächelte mich herausfordernd an. *Kess,* hätte sie gesagt. Ich bemühte mich, unbeteiligt zu wirken, und setzte mich an den Computer. Der Bildschirm grüßte mich mit einem zappelnden Namen, SILVANA flog vor schwarzem Hintergrund von Ecke zu Ecke, drehte Pirouetten und verschwand, als ich die Maus berührte. Silvana schlang einen Arm um meinen Hals und flüsterte mir etwas ins Ohr. Dann drehte sie mich auf dem Sessel zu sich um. Sie hatte sich immer noch nichts angezogen. Ich kannte das Spiel, ich sollte sie betrachten. Das wollte ich sogar, aber da sie es von mir wollte, begnügte ich mich damit, ihre Füße eines ausgiebigen Blickes zu würdigen. Sie nahm mein Kinn zwischen Daumen und Zeigefinger, hob meinen Kopf an und küßte mich. Ihre Lippen öffneten geschickt meinen Mund und ihre Zunge schnellte hervor. Ich entschied, daß es unsinnig sei, Widerstand zu leisten, und zog sie auf meinen Schoß.

„Willst du es nicht so?"
„Doch, schon."
„Aber du läßt mich nicht."
„Ich habe nie gesagt, daß du aufhören sollst."
„Du hast auch nie gesagt, ich soll weitermachen."
„Ist das wichtig?"
„Soll ich das denn? Weitermachen?"
„Wieviel Uhr ist es?"
„Hörst du mir zu? Soll ich weitermachen?"
„Es ist vielleicht besser, wenn ich dir erst das Geld gebe – wieviel?"
„Oh, das weiß ich jetzt doch noch nicht. Das hängt davon ab, wie ich weitermachen soll."
„Du bist anstrengend."
„Nur fordernd."
„Nein, du bist anstrengend. Ich bezahle dich dafür, daß ich mich entspannen kann."
„Nicht ganz richtig. Du bezahlst mich dafür, daß du dich anders entspannen kannst."
„Sag mir nicht, wofür ich dich bezahle. Sag mir wieviel."
„Na?"
„Vierhundert."

„Vierhundert!"
„Ohne Zusatzleistungen."
„Vierhundert!"
„Fangen wir jetzt endlich an?"
„Hier. Nimm."
„Mach die Augen zu."
„Spürst du das?"
„Ja."
„Soll ich weitermachen?"
„Ja."

Sie sind einfacher zu entdecken, als man glaubt. Zwar stehen sie nicht in den gelben Seiten, aber letztendlich ist es mit ihnen nicht anders, als mit anderen Menschen auch. Über fünf Stationen kennt man sie. Bei mir war es Silvana selbst, über die ich eine von ihnen fand. Silvanas bester Freund arbeitete als Bedienung in einem Bistro. Seinem Chef gehörte ebenfalls ein Chauffeurservice. Und einer der Chauffeure war der Freund von ihr. Ich erzählte Silvana nichts davon. Sie durfte es nicht erfahren, trotz all ihrer Neckereien hätte sie mich sofort verlassen.

„Wenn deine Freundin so hübsch ist, wieso bist du dann hier? Ist sie langweilig?"
„Nein."
„Ist sie prüde? Feige?"
„Nein, nein, das ist es nicht.
„Na, raus damit."
„Können wir das von vorhin noch einmal machen?"
„Hast du Geld dabei?"
„Hier."
„Willst du das nicht lieber behalten? Schenk ihr was Schönes. Geht ins Theater. Oder Essen. Irgendwas."

„Das hier ist wichtiger."
„Wie du meinst."
„Fang damit an. Das mag ich."

Ich wagte es nicht, jemandem davon zu erzählen. Ich wollte Silvana nicht verlieren. Ich war erst Achtundzwanzig, in ihrer Gegenwart allerdings älter, nicht schwächer, vergeßlicher oder langsamer, sondern erfahrener, klüger, wurde mehr respektiert. Sie sah nicht zu mir hoch; sie stieg gemeinsam mit mir eine Stufe höher. Waren wir zusammen, war es nicht vermessen, uns als perfekt zu bezeichnen, in nahezu jeder Beziehung. In unserem Freundeskreis waren wir als einzige seit der Schulzeit zusammen – wir hatten Glück! Das sagten wir nicht nur, um Sticheleien abzuwehren. Wir glaubten daran. Wir glaubten an uns. Wir glaubten an das perfekte Miteinander, für das man selbstverständlich Opfer bringen mußte. Ich hatte meine Doktorarbeit aufgegeben, sie kündigte ihre Anstellung. Aber wir wohnten zusammen in München, in der Prinzregentenstraße. Mein Vater finanzierte uns Miete sowie Lebensunterhalt, und außerdem finanzierte er noch unsere Beziehung, auf ganz andere Weise, als er es für möglich gehalten hätte.

„Was haben wir noch nicht probiert?"
„Was würdest du gerne probieren?"
„Ich weiß nicht. Das müßtest du doch wissen."
„Diese Arbeit ist oft langweiliger, als du vielleicht glaubst."
„Du enttäuschst mich."
„Was schwebt dir denn vor?"
„Etwas überraschendes."
„Soll ich dich überraschen?"
„Nein."

„Was dann?"
„Du sollst mir etwas überraschendes zeigen."
„Warte, du willst, daß ich dir zeige, wie du mich überraschen kannst? Das geht nicht!"
„Du verstehst nicht. Ich will nur wissen, was dich überraschen würde."
„Du meinst, was eine Frau überraschen würde?"
„Ja."
„Ist das hier so eine Art Prüfung für dich? Eine Generalprobe?"
„Wenn du es so nennen willst."
„Du vögelst also mit mir, damit deine Freundin …"
„Mehr oder weniger."
„Das ist krank."
„Kann dir egal sein."
„Hast recht – eine Überraschung also?"
„Genau."
„Das hier wird ihr gefallen."

Sie zeigte mir nichts, was man sich nicht auch in der Phantasie hätte ausmalen können, sie erklärte mir nur, wie es funktionierte. Wahrscheinlich hatte sie mehr Spaß als ich; und trotzdem war es das Geld wert. Wenn Silvana morgens mit einem Lächeln aufwachte, wußte ich, daß es das wert war. Es war all ihre Freude, ihre Gelassenheit und Ausgeglichenheit wert, ihre Wollust und Gier. Als wir abends spazierten, an der Isar entlang, und schließlich die Treppen zum Friedensengel nach oben stiegen, zog sie mich in eine schattige Ecke und fuhr mit der Hand in meine Hose. Um uns herum hupende Autos im Stau. Mir gefiel, wie emsig und fiebrig Silvana weitermachte, ihr Hauch verwandelte die Abendluft in Nebel, ich sah nur ihre geröteten Wangen, ihr neckisches Lächeln. „Wünschst du dir das?", fragte sie, und ich sagte ja, mehr als einmal, ja, ich wünsche mir das.

„Wie heißt sie eigentlich?"
„Silvana."
„Es macht dir nichts aus, wenn ich ihren Namen kenne?"
„Ist doch nur ein Name."
„Bin ich Silvana für dich?"
„Nein. Du bist irgendwer."
„Wenn wir es machen, bin ich dann ein bißchen Silvana für dich? Wenn du mich anfaßt. Hier. Wenn ich dich berühre. Wenn ich dich – so – küsse."
„Mach weiter damit."
„Nenn mich Silvana."
„Nein. Wozu?"
„Tu es. Sag ‚Silvana' zu mir."
„Hör nicht auf ..."
„Sag es."
„Das machst du gut."
„Los. Sag es."
„Mach ... Silvana ... mach weiter."

Wenn wir miteinander schliefen, nannte ich Silvana beim Namen. Sie mochte es. Ich mochte es. Es gefiel uns beiden. Früher hatten wir nie miteinander gesprochen, hatten keinen Laut gemacht, währenddessen. Ich sagte ihren Namen oft, sie wollte, daß ich ihren Namen schrie, und ich schrie ihren Namen, und wenn wir zusammen schrieen, war sie überall.

„Du kannst nicht?"
„Ich mag nicht."
„Laß es uns noch einmal versuchen."

„Hör auf damit."
„Du mußt auch nichts zahlen. Es ist gratis! Die zwei hier und das hier, alles zum Nulltarif."
„Laß das."
„Entspann dich. Überlaß die Arbeit mir."
„Ich will es nicht! Hör auf! Ich gehe."
„Nein, bleib hier. Zieh dich nicht an."
„Du gibst Ruhe?"
„Laß uns reden."
„Ja. Es ... in letzter Zeit passiert es zu oft."
„Über so was beschwert man sich nicht."
„Und wenn schon. Ich sehe Silvana und schon ficken wir. Mir passiert es zu oft."
„Wie oft denn?"
„Ist doch nicht wichtig."
„Ich verstehe. Du bist zu gut."
„Was?"
„Ja. Du hast es übertrieben. Du hast ihr gezeigt, was sie haben kann. Jetzt will sie es."
„Es kommt mir vor, als würden wir nur beim Ficken miteinander sprechen."
„Vielleicht ist das ja so. Und wenn schon."
„Darum soll es sich aber nicht drehen. Nicht ums Ficken."
„Bravo!"
„Was ist?"
„So hast du das noch nie genannt. Und jetzt gleich drei Mal."
„Hier, dein Geld."
„Wofür?"
„Fürs Gespräch."

Ich belog Silvana. Ich erzählte ihr, daß ich Schmerzen dabei hätte. Sie zuckte mit den Schultern, sagte „Macht doch nichts", bat mich dann aber, sie zu küssen. Langsam und vorsichtig. Überall.

Als sie mir am darauffolgenden Morgen zwischen die Beine faßte, und ich wieder Schmerzen vortäuschte, schimpfte sie mit mir. Tatsächlich sagte sie *Schlappschwanz* und wir mußten beide lachen. Danach entschuldigte sie sich zwar, bläute mir jedoch ein, einen Arzt zu konsultieren.

„Ich habe Angst."
„Was ist los?"
„Mir gefällt das hier so gut."
„Wenn wir uns treffen?"
„Wenn wir miteinander reden."
„Mir gefällt das auch."
„Du bist mehr Silvana als sie."
„Dann mußt du auch nichts bezahlen."
„Manchmal denke ich, daß ich ihr etwas zahlen müßte. Noch öfter denke ich, daß sie mich bezahlen müßte."
„Bleibst du heute Nacht wieder hier?"
„Sie ist schon zu Hause."
„Das macht doch nichts.
„Sie wartet auf mich."
„Ja, und?"
„Aber nur etwas länger. Du weckst mich in einer Stunde?"
„Natürlich. Natürlich wecke ich dich."

„Wir müssen reden."
Silvana trug noch ihren Mantel. Wir waren spazieren gewesen, eine Stunde lang, hatten Kinder auf dem Spielplatz beobachtet und verhalten gelacht. Ich hatte noch nicht die Wohnungstür hinter mir geschlossen, als sie es

sagte. Wir setzten uns auf das Sofa, nebeneinander.

„Ich muß dir etwas gestehen", sagte sie, und ich dachte dasselbe. Ich dachte daran, wie es gewesen war, mit einer Fremden zu schlafen, um besser, ausgiebiger, länger mit Silvana zu schlafen, wie absurd dieser Gedanke war, an den ich mich gehalten und geklammert hatte; ich dachte daran, daß mein Vater mich darauf angesprochen hatte, wohin all das Geld verschwunden sei, und wie ich mich dabei ertappt hatte, dieselbe Ausrede zweimal hintereinander zu gebrauchen, ohne daß er es merkte; ich fühlte mich erleichtert, daß Silvana sprechen wollte, reden, ausführlich über alles reden und gestehen, das wollte ich, bevor sie es herausfände, weil ich sie immer noch, das wußte ich jetzt, weil ich sie immer noch liebte; denn ich war aufgeregt, und ich war nervös bei dem Gedanken, wie sie reagieren würde; ich wollte alles in einem Satz sagen, in einen Satz packen, ein einziger Knall, Laut, der alles gleichzeitig tun würde, These, Begründung, Beispiel, ohne Lücke, damit sie nicht widersprechen, mir nicht ins Wort fallen könnte, und ich dachte, danach, dann, würden wir lange miteinander reden, in die Nacht hinein, vielleicht hindurch, nur reden, das wäre wichtiger, als miteinander zu schlafen, es wäre das einzig Wichtige, was uns verband, und das uns zu dem machte, was uns am meisten gefiel, zu einem Wir.

„Ich möchte das nicht mehr." Danach fragte ich sie, was sie damit meine. Und sie wiederholte sich nur: „Ich möchte das nicht mehr."

Ich brach sofort in Tränen aus. Silvana begann zu lachen. Sie hielt sich die Hände vor den Mund, zog mein Gesicht zu sich, damit ich sie ansehen konnte, und sie sah erschrocken aus. Es tat ihr leid! Sie entschuldigte sich. Nur ein Scherz wäre es gewesen, weil es doch nichts gäbe, an dem sie rütteln wolle, weil es ganz und gar nichts gäbe, was sie zu ändern wünsche, weil alles wie es war, gut war, und weil ich hier bei ihr war und sie bei mir, uneingeschränkt, und weil sie mich lieb hätte, weil sie mich liebte. Weil sie mich liebte. Ich weinte noch, und sie entschuldigte sich viele Male, beteuerte, das würde sie nie wieder tun; sie bat mich um Verzeihung. Sie mich. Ich weinte lange und ausgiebig, und sie wußte nicht warum. An diesem Tag, in dieser Nacht, schliefen wir nicht miteinander. Auch am darauffolgenden Tag nicht. Wir hatten keine Zeit für so etwas. Viel zu beschäftigt waren wir damit, uns etwas zu zeigen, das wir lange Zeit versäumt hatten.

„Hallo? Bist du das?"
„Ruf mich nicht an."
„Wir können doch reden."
„Ich glaube nicht."
„Wir könnten einen Kaffee trinken gehen."
„Keine Zeit."
„Dann nimm dir doch die Zeit."
„Ich lege jetzt auf."
„Dann sag ich ihr alles. Ich erzähl ihr alles."
„Sie wird dir nicht glauben."
„Denkst du!"
„Sie wird dir nicht zuhören."
„Ich werde ihr sagen, was ihr im Bett miteinander gemacht habt. Sie wird sich wundern, woher ich das weiß."
„War das alles denn so ungewöhnlich?"
„Nein, aber ... ich kann überzeugend sein."
„Ruf hier nicht mehr an."
„Du fehlst mir."
„Du lügst."
„Nein, du fehlst mir."

„Ich muß jetzt Schluß machen."
„Ich habe damit aufgehört."
„Freut mich."
„Ich arbeite jetzt in einem Lokal. Komm mich mal besuchen, ja? Ich geb' dir einen aus."
„Es ist schon spät."
„Darf ich dich anrufen? Nur im Notfall?"
„Nein. Nein, das wäre nicht gut."
„Ruf du mich an. Morgen abend? Sagen wir, so gegen acht Uhr? Ich bin zu Hause."
„Schlaf gut."
„Also um acht. Ich freu mich. Ich freu mich wirklich."

Am nächsten Tag besuchten Silvana und ich die Kammerspiele. Die Aufführung war zäh und langatmig. In der Pause betranken wir uns mit billigem Sekt und witzelten über das versnobte Publikum. Ich erzählte Silvana, daß mein Vater seine Zuwendungen eingestellt habe – aber ich erzählte ihr nicht, warum. Sie war sehr verständnisvoll. Schon im Monat darauf zogen wir zu ihren Eltern nach Leipzig.

Dörte Herrmann
Im Blütenbett

Im Blütenbett van goghscher Art
umfaßt du
meine nackte Haut

Fingernetze fangen Tropfen
aus deinen Nestern
fliegen Nachtfalter auf Nasenflügeln

Mein Haar tanzt auf deinem Bauch
sternangelweit

die Schenkel geöffnet
der Mund
trinkt Wein aus Lenden

Ich grabe Wort und Zunge
ins offene Tor deines Mundwinkels

Du drängst dich trunken
in mein mohnrotes Blut

Auf unserem nassen Leib
spielt der Wind
die Melodie des Sommers
zerregnet meine dünne Haut

Ich werfe sie weit

Stefan Schneider
Sarah und Steffen

„Alles ist schön an dir. An dir ist kein Makel."
Das Hohelied Salomo

Liebling ... Ja, da bin ich froh ... Also. Wir sind uns einig. Diese wahnsinnige Hellhörigkeit in diesem Haus ... schon alleine wegen der Kinder ... obwohl es so herrlich ist, ordinär und laut und geil zu sein. ... aber gestern Nacht! ... Diese alte Bierbubbler ... du kannst dir nicht vorstellen, wie die mich heute früh im Treppenhaus angestiert hat ... als ob ich über sie und nicht dich hergefallen wäre, diese griesgrämige, nervtötende Schachtel. Stell dir mal vor, solch eine Person als Ehepartner, da kannst du umgehend von deinem Leben Abschied nehmen und deine Sinne einsargen lassen ... Ist doch wahr! ... ja, schon alleine wegen unserer kleinen Lisa ... wir sollten uns ein Codewort einfallen lassen. Nennen wir es ‚Staubwischen'. Das ist eine gute Idee. Die süßen Kleinen müssen ja nicht alles mitbekommen, was Mama und Papa so in ihrem Schlafzimmer treiben ... ‚Staubwischen' also. Gut. Abgemacht ... ich schau dann mal. ... hey, Sarah, was soll das. Laß los, was ... was heißt hier ‚Sauber machen'. Hier ist doch alles ... ich hab doch gestern erst, ... ach so ja, das Stichwort. Das war aber ‚Staubwischen', nicht ‚Saubermachen'. Gleich, Sarah, ich muß doch erst mal, du weißt doch, wie sehr die Kleinen sich freuen, wenn Papa, es ist schon spät, oh Sarah,... du weißt genau, daß ich so schlecht nein sagen kann ... ja, ja da muß tatsächlich mal sauber gemacht werden ... nicht dieser Punkt, nicht der ... dann werde ich zum Putzteufel. Dann ist wirklich ganz großes Reinemachen angesagt ...

oh, Sarah, bitte, bitte, hab Mitleid. Man soll doch nicht ... zu viel an Sauberkeit ist auch nichts. Die ganzen Probleme, die die Krankenhäuser heutzutage wegen ihrer antibakteriellen Reinheit haben. Mußt du gleich überall mit deinem Putztuch hin ... was, Frühjahrsputz? Hatten wir den nicht gestern Nacht. Da dürfte eigentlich kein einziges Fitzelchen Dreck mehr in der gesamten Wohnung aufzufinden sein, und was waren wir gestern Nacht gründlich. Putzfimmel, Putzkolonie, putzplotz-nochmal. ... Oh, du Schutzgöttin der Hygiene, löse diesen, meinen Dreck. Aber langsam, gaaaanz langsam ... Da kann man mal sehen. Da denkt man, da ist alles sauber. Und dann diese Streifen, diese widerborstigen, kleinen, klitschigen Streifen. Nein, das war nicht, ... nein, das war überhaupt nicht, nein, war noch über- über- überhaupt nicht porentief rein vorher!! Tiefer, tiefer Sarah. .... Ja, da. Da hängt noch ein bißchen. Kannst du noch ein wenig fester wischen mit dem Staubtuch. Wie geht es dir so? Wie weit bist du da unten? Oh, wie gut du das wegschrubbst ... wie sauber du alles machst ... wie gründlich du bist. Es ist doch gut, daß ich eine so gründliche Frau im Haus hab, eine, die absolut weiß, wie ein Haushalt zu führen ist. So unheimlich gewissenhaft wie du das machst. Komm, Liebes, ich zeig dir jetzt einen Trick mit meinem Staubwischer, wie ich sauber mache. Hier so, ... gut so, ja. Gefällt dir das? Was ... was ... heißt hier, das hast du ja noch nie ... Wie? Unkonventionelle Säuberungsmethode? Schau mal, Zewa-Wisch-und-weg. Gut, was!! Ja. Willst du auch mal. Setz dich am besten mal obendrauf ... oh ... oh, oh ... als hättest du nie etwas anders als sauber gemacht. Wir zwei sind geradezu geboren zum Saubermachen ... jetzt aber flott, sonst ... sonst trocknet das Wasser ein, das gibt sonst häßliche Schmierstreifen ... Wer klopft denn, ... was Lisa, meine kleine Süße, was, ... warum, wie, wann, ich komme, gleich Lisa. Geh zu deinem kleinen Schwesterchen ins Zimmer zurück ... gleich ... Papa und Mama wollen nur noch kurz hier was sauber machen. Geht ganz fix ..., ja, ja, oh, ich halt das nicht ... Papa kommt gleich!! Wir machen gerade Grundreinigung. Dein Teddy, such doch schon mal deinen Teddy. Wir müssen das hier jetzt zu Ende führen, Lisalein, Schatz. Das ist jetzt nicht aufzuschieben ... Wie, die Toilette ist verstopft? ... Du mußt richtig ... versuch es noch mal. Du schaffst das schon! Du bist doch schon groß ... Oh Sarah, das ist wirklich keine Sekunde zu früh, daß wir die Sache so gründlich angegangen sind, aber ich befürchte, das Zewa-Wisch-und-weg-Tuch alleine reicht nicht ... Ja, los, nehmen wir meinen Meister Propper. Wenn schon, denn schon ... ja, da, Achtung ... Ach du meine Güte, das Regal, die Blumentöpfe ... Was für ein Dreck, was für ein Moder, was für ein Geruch! Aber du, du wischst so gut, so porentief. Egal, mach weiter, mach weiter ... Jetzt ist das Bücherbord auch noch ... Ich will das jetzt endgültig bis in die hinterste Ecke sauber haben. Jetzt ist mir ... was, Lisa. Was heißt das, ‚das Wasser läuft in die Küche', du hast doch nicht etwa. Wie? Ich habe dir doch ausdrücklich verboten! Was ist das denn jetzt da draußen auf der Straße für ein Krach ... die Feuerwehr ... vor unserem Haus ... brennt es irgendwo? ... Was will denn die Feuerwehr vor unserem Haus? Die wollen doch nicht etwa ... Diese Bierbubbler. Wenn ich die erwische! Die hat doch nicht etwa ... jetzt schreit sie irgendwas von wegen Wasserrohrbruch! Das ist gerade mal eine Pfütze! Oh Gott, die Brühe läuft ja bis hier ins Schlafzimmer rein. Jetzt wo wir beide gerade alles so schön reingewischt hatten. Wo willst du hin. Was für eine Sauerei ... Mein Gott. Sarah! Sarah! ... Sarah!!

Verena Sandow

Rot lackiert
dann fließt Blut unter ihnen hervor
Blut deiner Brust
ich grabe sie tiefer in dein Fleisch
diese rot lackierten Krallen
blutrot sind sie
ich wasche sie nicht
fahre über deine blasse Haut
lege Abdrücke auf meine Brüste
sauge an deinem Leben
heftig dringst du in mich ein
dein Blut macht dich rasend
du nimmst mich mit all der Kraft
der rote Lack verschmiert
aufeinander in Farbe
wir beide tragen nun diese Zeichnung
feuchte Haut, klebendes Rot
langsam läßt du ab
wie Neugeborene im eigenen Saft
so haben wir uns erschaffen
feucht-verschmierte Bestien
entschlafen bis Morgen

Astrid Theuer
Salomos Braut

„Auf meinem Lager, des Nachts, suchte ich den Liebsten meiner Seele. Ich suchte ihn, doch fand ihn nicht. So will ich denn aufstehen und durchstreifen die Stadt, die Gassen und Plätze, will suchen den Liebsten meiner Seele." (Das Hohelied Salomo 3,1)

Wie ein aufgedrehter Welpe tänzelte sie vor mir entlang. Pudelwelpe, würde ich sagen, angesichts des flatternden Kleides und der aufgebauschten Locken. An solchen Abenden frage ich mich oft, was uns verbindet. Verschieden, wie wir sind.

„Wie Tag und Nacht", habe ich neulich geseufzt. Von ihr bekam ich dafür einen schmatzenden Kuß auf die Wange und ein heiteres Lachen. „Natürlich, denn das ist es ja, was uns zusammenhält! Du bist der Tag und ich bin die Nacht!"

Partys, Feiern, Tanzen gehen, die bunte Nacht ist ihre Welt. Und wenn sie lange genug bettelt und bittet, gehe ich mit ihr aus. In der letzten Woche hatte sie sich schwer ins Zeug gelegt. Schließlich hatte sie sich theatralisch auf meinen Schoß gebettet und mir ins Ohr gehaucht: „Eine Zusage für diesen Freitag?"

Sie wußte, ich konnte es ihr nicht abschlagen. Die *Zusage* war einmal meine Idee gewesen. Schon vor Jahren. Eigentlich gleich zu Beginn unserer Beziehung. Und wir hatten beide dabei gewonnen im Laufe der Zeit.

„Eßt. Freunde, trinkt. und berauscht euch an der Liebe!"
(Das Hohelied 5,1)

Jetzt dreht sie sich mit einer Pirouette zu mir herum. Wir stehen vor dem Hoteleingang, der *Garten,* in den sie mich heute mitzieht. Die Musik dringt gedämpft zu uns heraus. Sie gibt mir einen sanften Kuß auf den Mund.

„Laß uns hineingehen", flötet sie mir zu.

Als ich im Foyer von unserem Spiegelbild auf den verglasten Wänden verfolgt werde, bin ich mir wieder schmerzlich aller Unterschiede bewußt. Bewundernd sehe ich ihre zarte und schlanke Figur neben meiner eigenen. Schön ist sie, meine Freundin, wie Tirza, lieblich wie Jerusalem, majestätisch gleich den Bannerscharen. Erschlagen wende ich meinen Blick vom Spiegelbild und folge ihr in den erleuchteten Saal, die Augen nun allein auf sie gerichtet.

Die Geliebte entschwand

Und stundenlang harre ich im Hintergrund an unserem Tisch, während sie in den Armen verschiedener Männer über die Tanzfläche wirbelt. Ich tanze nicht. Das ist Teil der Zusage. Wenn ein Mann sie auffordert, läßt sie mich allein. Meist geschieht das innerhalb von Minuten. Mich ignorieren diese Männer, als wäre ich nicht anwesend.

Wende dich, wende dich. Sulamit, wende dich, damit wir dich sehen können! Was wollt ihr sehen an Sulamit? Etwas wie einen Lagertanz!" (Das Hohelied 7,1)

Endlich, irgendwann kommt sie an den Tisch zurück geschwebt. Ihre Wangen sind gerötet und alles in mir will sie nach Hause schleifen. Ohne Diskussion, ab ins Schlafzimmer. Mit ihr alleine sein.

„Zusage?" Ihr liebliches Lächeln besitzt eine schelmische Note. Dabei zeigt sie mit einer leichten Kopfbewegung in Richtung ihres letzten Tanzpartners, den sie im Schlepptau hat. Ich mustere ihn einen Moment.

„Zusage!", antworte ich leise und winke dem Ober. Sie nimmt ihr noch unberührtes Sektglas vom Tisch und stürzt es in einem großen Schluck herunter. Dann wendet sie sich zu ihrem Tanzpartner um. Ich kann sehen, wie ihre Brüste dabei seinen Arm streifen und er es mehr als nur wahrnimmt.

Die Braut lädt ein.

„Mit dir habe ich noch etwas vor", vernehme ich ihre aufgekratzte Stimme, als sie ihn zurück auf die Tanzfläche zieht. Ich begleiche die Rechnung und verlasse den Saal. Nun kann ich gehen, denn sie hat alles in der Hand. Sie wird ihren Teil der Zusage erfüllen.

„Früh wollen wir zu den Weinbergen aufbrechen, wollen sehen, ob der Weinstock schon treibt, die Rebblüte aufspringt, die Granatbäume blühen. Dort will ich meine Liebe dir schenken."
(Das Hohelied 7, 18)

Kichernd stolpert sie in das Hotelzimmer, zerrt ihn in der Dunkelheit in Richtung des Bettes. Die schweren Vorhänge sind zugezogen und nur schemenhaft sind ihre Körper auszumachen. Seine Hand tastet suchend an der Wand entlang.

„Nein, kein Licht", ihre Worte werden von den feuchten Zungenküssen fast erstickt. Und ehe er weitere Fragen stellen kann, streift sie ihm verführerisch seine Kleider ab, küßt ihn auf den Mund und dann weiter abwärts, viel weiter abwärts. Nur Minuten später fällt er gierig und keuchend über sie her.

Sehnsucht

Ich sitze stumm im Sessel in der hintersten Ecke des Zimmers. Dort, wo die Dunkelheit am dichtesten ist. Von hier aus verfolge ich jede Bewegung, jeden Stoß. Sie animiert ihn, lauter und lauter zu werden. Und heftiger. Meine Augen sind fest auf die Szene vor mir geheftet. Langsam baut sich in meinem Körper die erwartete Spannung auf. Brennt sich von innen durch meine Haut. Rote Glut, die sie in mir entfacht. Unter der Oberfläche schwelend. Die irgendwann hervordringt.

Ja, er macht seine Sache gut. Ich kann ihr Zucken sehen und weiß, daß es diesmal echt ist. Ihren Körper kenne ich besser, als meinen eigenen.

Eine Spur Wehmut mischt sich in meine steigende Erregung, weil er ihr gibt, wozu ich nicht in der Lage bin. Aber dieses Gefühl wird von ihrem nächsten Höhepunkt davon geschwemmt. Auch mein Atem geht jetzt schneller, im Takt mit seinem. In einer letzten Anstrengung schaukelt er sich und sie zu einem alles auslöschenden Orgasmus.

Auf dem Scheitelpunkt der Welle lasse ich mich gehen und treibe mit ihnen davon. Ihr Schrei mischt sich in seinen und überdeckt mein unwillkürliches Aufstöhnen.

Schließlich sinkt er neben sie herab. Einen Arm um ihre Taille gelegt. Eine Ewigkeit läßt sie ihn gewähren. Dann schubst sie ihn energisch. „Hey, ich hab das vorhin ernst gemeint, du mußt jetzt gehen!"

Er murmelt etwas ins Kissen, aber sie rückt von ihm ab und entzieht sich seiner Umarmung. „Nein, ernsthaft. Es war unglaublich, ja, doch jetzt wird es wirklich Zeit, daß du verschwindest."

Stark wie der Tod und unverkäuflich ist die Liebe

Ihr Blick wandert in meine Richtung. Und auch wenn wir uns durch die Dunkelheit nicht erkennen können, sehen wir uns tief in die Augen. Wir verstehen.

Sie fischt vom Bett aus nach seiner Hose und wirft sie ihm zu. Murrend zieht er sich an. Alles geht plötzlich ganz schnell.

„Bis bald?" Seine Stimme verrät, daß er verletzt ist.

„Ja, vielleicht, ich melde mich", raunt sie ihm an der Tür noch nach.

Zufriedener als Solomo

Kurze Zeit später schlüpfe ich zu ihr unter die Decke. Unsere nackten Körper schmiegen sich nahtlos aneinander und sie seufzt befriedigt auf.

„Er war großartig, oder?"

„Ja", kommt es müde von ihr. „Und für dich?"

„Auch, ja." Ich lüge nicht einmal.

„Du bist die Beste, Salomé", flüstert sie zart in mein Ohr, während ihre Hand über meinen üppigen Busen streicht. Kurz bevor sie in meinen Armen einschläft. „Noch nie hatte ich eine Freundin, die das verstanden hat."

„Einen Weinberg hatte Solomo in Baal-Hamo: er übergab an die Wächter den Weinberg. Ein jeder mußte für seine Frucht tausend Silberlinge zahlen. Doch meinen Weinberg, der mir gehört, den habe ich von mir." (Das Hohelied 8, 11)

Walter Milos
Ortskundig

All die wege
kenne ich
oftmals gegangen
hinauf und hinunter
führst du mich
die geheimen auch
auf deinem leib

Kersten Prasuhn

Olga

Ich unterbrach meine Wanderschaft und verbrachte einige Monate in Athen, in einer Wohnung, die mir Freunde überlassen hatten. Die Wohnung bestand aus zwei Zimmern mit Obstkisten als Mobiliar, einer Matratze und freiem Blick durch die beschädigte Decke des Badezimmers in den blauen griechischen Himmel.

Tagsüber durchstreifte ich die Stadt, las nach Lust und Laune und schrieb Gedichte, wie man eben Gedichte schreibt, wenn man 20 Jahre jung ist und ständig zu allem bereit. Abends saß ich in offenen Tavernen und Bars. Danach noch eine Flasche Wein aus dem Laden gegenüber, dessen 24-Stunden-Service dem Inhaber zu danken war, der in seinem Geschäft wohnte. Morgens erwachte ich regelmäßig mit einem leidlichen Kater, der im gleißenden Sonnenlicht schnell wieder verschwand. Manchmal war ich nicht allein in der Wohnung. Freunde von Freunden zogen ein und wieder aus, auf der Durchreise oder auf der Flucht vor traditionell gesinnten griechischen Elternhäusern.

Eines Nachts erklimme ich also mühsam die letzten Stufen der Treppe zu meiner Wohnung. Mit dem Schlüssel ist es ebenfalls nicht leicht: Dreimal verfehle ich das Schlüsselloch, dann hakt zudem der Mechanismus. Schließlich gelingt es doch.

Der Korkenzieher. Auf der Suche nach dem Korkenzieher. Meine Gedanken sind bemerkenswert klar, um nicht zu sagen hellsichtig. Leider kann die Körperkoordination da nicht mithalten, und ich stoße mit schmerzhafter Regelmäßigkeit gegen die Obstkisten oder die Wände. Mit diesem Widerspruch gilt es umzugehen. Ich finde den Korkenzieher. Der Rotwein sollte das Durcheinander von Bier und Ouzo, das meinen Körper verwirrt, klären, das Chaos gleichsam ordnen. Ich trinke in langen, durstigen Zügen. Trotz der philosophischen Gedanken, die durch den Wein angelockt werden, höre ich das Knarzen eines Schlüssels im Schloß. Der Mechanismus dreht sich quälend langsam. Mir ist etwas unbehaglich zumute. Besuch nach zwei Uhr nachts ist nicht immer willkommen, und ich bin auch in keinem besonders geselligen Zustand.

Eintritt durch den Flur eine mächtige Reisetasche gefolgt von einem Mädchen mit bloßen, braunen Schultern unter schwarzen Spaghettiträgern, verschwitzten dunklen Haaren und einem leicht verwirrten Gesichtsausdruck (in der Reihenfolge meiner Wahrnehmung) – soweit sich der Gesichtsausdruck überhaupt interpretieren läßt: Sie trägt eine Brille mit Glasbausteinen anstatt Gläsern, hinter denen ihre Augen winzig aussehen.

Hi, sage ich. Sie platziert die Tasche mit Schwung auf der Obstkiste, die als Tisch dient und fegt dabei Glas und Flasche beiseite. Wie durch ein Wunder gelingt es mir, die Flasche zu retten.

Oh ... sorry, sagt sie und kichert. Sie ist so offensichtlich betrunken oder bekifft, daß ich meinen eigenen Zustand relativ gesehen als nüchtern empfinde. Ich nenne ihr meinen Namen.

My name is Olga, sagt sie, *I'm on my way to India*. Sprachs und sackt auf der Matratze zusammen, rappelt sich wieder hoch, streift ihre Brille ab, und – ihre Augen scheinen das ganze Zimmer auszufüllen. Wirklich, es ist wie im Film: *Darf ich Ihnen die Brille abnehmen?* In diesem Fall müßte man die Brille eigentlich nicht nur einfach abnehmen. Richtig wäre es, sie fortzuwerfen, zu zertrampeln. Sie entstellt etwas, was ich so groß, so schön, so schwarz und so lebhaft noch nie gesehen habe. Ich bin derartig dankbar, daß ich Zeuge dieser außergewöhnlichen Verwandlung werden darf, daß mir die Tränen kommen. Irgendwie bin ich vor lauter Andacht aus dem Gleichgewicht geraten und liege halb auf ihr, meinen Blick starr in den ihren getaucht. Eine Entschuldigung stammelnd richte ich mich wieder auf.

Doesn't matter, sagt sie und kramt Zigarettenpapier, Tabak und ein Blechdöschen aus ihrer Tasche. Der Wein ist alle, und den Versuch, neuen zu kaufen, würde ich vermutlich nicht überleben. Aber im anderen Zimmer steht noch eine Neige Raki – selbstgebrannt von einem legendären Großvater, der auf Kreta lebt und sich bemüht, die Prozentzahl seiner Getränke bis dicht an die Grenze reinen Alkohols zu schrauben.

Diese Flasche zu holen, plus zwei Gläser, gelingt mir. Olga bröselt inzwischen kleine Krümel eines ansehnlichen Bröckchens Haschisch auf eine Tabakspur, die sich über drei Zigarettenpapiere windet. Zweimal landet die Mischung auf dem Boden. Dann dreht sie den Joint, knotet kunstvoll die Spitze und entzündet ihn.

Good, stöhnt sie leise. Nach einer Ewigkeit reicht sie ihn weiter. Der Rauch trifft mich wie ein Aufschlag aus größerer Höhe. Er macht den Mund trocken, und die Konturen des Raumes werden unscharf und doppeldeutig.

Der Raki ist aufgezehrt und wird abgelöst von einem Rest undefinierbaren Likörs aus dem hintersten Schrank des hinteren Zimmers.

Ihre Augen werden zunehmend suggestiv. Es ist schade, daß ich mich nicht weiter mit ihr unterhalten kann. Meine Artikulationsfähigkeit hat genauso rapide abgenommen wie ihre Englischkenntnisse. Sie sagt Worte auf griechisch zu mir, die alles Mögliche bedeuten können, falls es überhaupt griechisch ist. Sie wird lauter, wenn ich kein Verständnis signalisiere, und so rufe ich irgendetwas zurück. Ich glaube, ich versuche ein Gedicht von Heine zu rezitieren. Es ist ziemlich schrecklich, so drastisch an die Grenzen interkultureller Kommunikation zu stoßen, und nun beginnt *sie* zu weinen, während sie den zweiten Joint präpariert. Ich tröste sie. Sie tröstet mich. Wir halten uns fest in den Armen, schaukeln leise hin und her, um uns gegenseitiger Hilfe gegen die Unbill einer Welt zu versichern, die aus den Fugen geraten ist.

Sie riecht nach einer Mischung aus Salz, Seife und Leben, und ich vergrabe mein Gesicht in ihren widerspenstigen schwarzen Haaren. In der Nähe ihrer Schultern entdecke ich wunderschöne Brüste, kaum gebändigt durch den knappen Stoff ihres Oberteiles. Ich tröste und streichele ihre Brust. Es ist, als wenn ich ihre Haut schon spüren kann, bevor ich sie berühre, wie ein geheimnisvoller Widerstand, eine Art Aura. Beim Versuch, meine Hose auszuziehen, schlage ich mit dem Kopf zuerst gegen die Wand und lande dann abermals auf ihr. Diesmal entschuldige ich mich nicht. Sie hält meinen Kopf mit beiden Händen, lindert den dumpfen Schmerz und küßt mich auf den Mund, daß es wehtut. Ihre Lippen sind naß und ihre Zunge beweglich und fest. Es gilt noch einige technische Probleme in Form von Knöpfen, Häkchen und Reißverschlüssen zu lösen, aber wir sind entschlossen, uns nicht aufhalten zu lassen.

Die Liebe mit ihr ist eine Expedition, unsere Körper in der heißen Sommernacht Dschungelgebiete voller Überraschungen und Gefahren. Die Reise vom Schlüsselbein zum Beckenknochen dauert Stunden. In ihren Achselhöhlen wächst sanftes Gewölle, in dem ich mich zunächst hoffnungslos verirre, bevor es mir gelingt, es zu domestizieren und geradezu zum Ausgangspunkt aller weiteren Ausflüge in die nördlichen Regionen des neuen Landes zu machen. Weiter südlich heißt es noch vorsichtiger sein: Jede Berührung hat Potential, zeitigt unabsehbare Folgen an Bewegung und Geräusch. Salzige Rinnsale mäandern über meinen Rücken. Wir schwimmen uns aneinander frei, verlassen die engen konventionellen Bahnen und erreichen das offene Meer. Wir lachen, verfehlen und finden uns und versichern uns immer wieder wortlos, daß wir füreinander da sind, uns nicht im Stich lassen werden auf dieser Reise. Wir lieben uns nach der Melodie eines großen Orchesters im Rhythmus verzückter Klänge reinsten Glücks. Alles ist flüssig, heiß und glatt, laut, hart und ekstatisch. Wir tun uns an, was wir nur können – in dieser Nacht werden die Grenzen meiner Phantasie für immer neu ausgelotet. Schließlich – nach einem letzten *Fortissimo* – verlieren wir das Bewußtsein, zeitgleich, wie ich hoffe.

Ich schlief bis in den hellen Mittag und erwachte schweißgebadet. Das Zimmer schien mir wie in Watte gepackt. Die Geräusche und Farben, alles war gedämpft, seltsam und unwirklich. Es gab keine Reisetasche mehr und keine Frau. So abrupt, wie sie in mein Leben getreten war, so plötzlich verließ sie es auch wieder. Als ich später Freunden und Bekannten – andeutungsweise – über sie berichtete und herausbekommen wollte, wer sie war, konnte niemand etwas mit dem Namen Olga und meiner Beschreibung anfangen. Es hatte ihr auch niemand den Schlüssel zur Wohnung gegeben.

Auch ich mußte weiterziehen. Die Jahre, die seitdem vergangen sind, führten mich immer einmal wieder nach Athen, die Wohnung aber habe ich nie wieder aufgesucht.

Vermutlich ist sie inzwischen renoviert und man kann keinen Himmel mehr vom Badezimmer aus erkennen. Und Olga? Ich weiß nicht, ob sie Indien jemals erreicht hat. In meiner Erinnerung verblaßte ihr Gesicht wie die Aufnahmen alter Farbfotos.

Manchmal aber – an lauen Sommerabenden – sehe ich sie wieder ganz deutlich vor mir. Dann denke ich, daß es sie wirklich gegeben hat, daß sie bei mir war und mich ausgesucht hat als eine Station auf ihrem Weg.

Lebe wohl, Olga, in welcher Zeit, an welchem Ort auch immer.

Angelika Wildegger
Eroberung

Du streichst mit deinem Wind über mein Land,
leicht richten sich die Büsche und Bäume auf.
Du wässerst mich sorgsam, öffnest behutsam,
was verdorrt war.
Du malst mit deinen Lippen ein Lächeln in meine Augen.
Meine Hügel blühen dir entgegen.
Dein Wind weht weich über mein Land,
Du gleitest hinweg über mich.
Du durchwurzelst mich und ich lasse es gerne geschehen,
trage deine Frucht aus.

Mechthild E. Curtius
KirschbaumLiebe

Die forensische Entomologie ist nun mein Beruf. Alles wegen der Kinderliebe unter dem Kirschbaum. Alles wegen der helläugigen Maria im Ceratztal. Uralte römische Siedlung soll das Dorf gewesen sein, heißt es, und die Römer hätten mit ihrer Sprache die Weintrauben eingeschleppt. Und später zisterziensische Mönche das ebenso sonnenliebende Steinobst: Pfirsich, Aprikose und Kirsche, *Cerasus*. Zu jedem Kirschenfest haben das die Stadtväter gepredigt, die ganze Region lebt davon. Das Gebäck aus Teig und neuen Kirschen, genannt Kirschenmichel, wurde umsonst verteilt, sehr viel Saft, Most, Kirschwein und Edelbrand flossen durch Kehlen. Es war im Jahr des Skandals, weil die schöne Tochter des Bauern Betz die Kirschenprinzessin war, unter der Krone aus Kirschen, rot wie Blut, war ihr Haar schwarz wie Ebenholz, Gesicht weiß wie Schnee, schöner denn je, Schneewittchen aus Franken, schrieben die Medien, und auch im Fernsehen konnte das jeder bemerken. Beobachten auch, daß sie sich so sicher wie jede bewegte. Aber die aus dem Dorf, die wußten es anders.

Bäume der Süßkirschen waren es, die unsere erste Liebe im Frühjahr mit Blütenblättern überschneiten. Das gesprossene Gras duftet Ende März zu den runden Blütenknospenkugeln hinauf. Im April recken sich die fingerlangen Ähren des Wiesenfuchsschwanzes und zeigen wie Pfeile in die weitoffenen weißen Kelche der Obstblüten mit den fliegenbeindünnen rotbraunen Staubfäden.

Den schlanken Finger meiner Geliebten lege ich in eine Blüte, im nächsten Jahr wird sie es wissen, weil ich auf diese Weise versuche, der blinden Freundin die Farben mittels Fühlen und Riechen zu zeigen: ist eine Blüte weit offen, sind die Seidenhäutchen runtergeklappt, dann reift die Farbe von weißlich zu hellbraun. Das wieder nähert sich der Farbe vom Lehm, wie der riecht, weiß sie genau, wie der sich anspürt, körnig bei Sonne, schmierend zwischen zwei Fingern bei Regen und duftend wie die Scheunenwand, an die ich sie manchmal anlehne. Kein Wunder, sage ich, daß du den Geruch wiedererkennst: Ziegelsteine macht man aus Lehm. Im Juni baumeln die Grassamen dem Mädchen in die Hand, steigen mir in die Nase, und ich muß niesen. Das ist dann, wenn die Kirschen reif sind und wir die dunkelroten Saftkugeln schmecken, samt Maden, das macht nichts. Wenn nur die grünblauen Fliegen fortblieben. Blüten, Blatt, überall, über und unter, drunter und drüber. Haut und Haare. Faß zu, damit ich dich sehe. Wir überlegen uns, wie es wäre, wenn alle Menschen nur vier Sinne hätten. Wir spielen, ich sei blind. Das weiße Seidentuch hat sie mir um beide Augen gebunden, hinter meinen vorher gewaschenen, nachher wieder verschwitzten Haaren verknotet, der Knoten drückt beim Hin- und Herrollen des Kopfes, wenn das Liebesspiel lange andauert. Andere Praktiken hat sie als alle anderen bisher, rituelles Gebaren geht über den Tastsinn, von Kopf bis Zeh wirklich, über die Haut streifen mit einem Blumenblatt, vom Finger rechts außen zur Fußzehe links außen und von Finger links außen zu Fußzehe rechts außen. Umgehen den gekrümmten Zeh, Schönheitsfehler, lacht sie. Duft ist uns mehr als Regelmäßigkeit. Taktil mehr als Gefühl, wenn sich Porenhaare aufstellen und 'Pfirsichhaut' zu Tausenden Ameisenhügeln formen, unter dem Schauder der Liebesberührung von zehn Fingerkuppen. Berühren statt Sehen.

Zurück zu den Anfängen der Liebesgeschichte. Lust und Liebe, wenn man's in der Wiese triebe. Ist doch nicht nur Marias spöttischer Reim, Unfugs Keim. Es war einmal. Kinderliebe im Gras. Stehen. Gehen. Rennen. Auf gleicher Höhe sind die Köpfe, fliegen braunrote Haare, Schleife schwebt fort in der Zugluft im Tal. Anhalten, sich der Erdenschwere überlassen, erst kichernd, dann stumm. Angriffslustige Zungenspitze macht etwas Wildes wie Wut, genügt Hingucken nicht mehr. Drang zum Rennen vorbei, Drang vorwärts vorbei, widersinniger Fliege-Rausch beim Drang nach unten, unwiderstehlich, nachgeben und hinlegen, ins Gras. Blühende Gräser, deren Samen in ihre Nasen steigen, ablenken. Drauflegen wollen auf das Rasenbett, aber das liegt schräg und ist naß vom Regen am Morgen, dieser Regen bringt keinen Segen, sondern Ernüchterung. Nasse Halme würden dem weißen Kleid grasgrüne Flecken machen, verraten, Geheimnistuerei im Dorfe vorbei. Mitten im Wegrain. Hände, Gesicht, Arme, bis zum Ellenbogen, Stoff hochstreifen, keiner guckt, die Sonne rotiert sich ein Fenster durch die Regenwolken frei, Licht erhitzt, Wasser dunstet den Grasduft nach oben, Wind weht von Südosten her warm und heftig, Sturm bläst die Spinneweben nördlicher Nebelfelder aus den Gehirnen und läßt die Grillen verstummen.

Die anderen im Ort erklären sich unsere Liebe nach ihrem Vermögen. Weil sie trotzdem so schön ist, sagen alle, die mit weit aufgerissenen Glupschaugen wenig wahrnehmen. Pervers nennt mich der Mann, der sich als Frauenkenner viel zugute tut, seitdem sie ihn ausgelacht hat. Unsere Liebesspiele sind so anders nicht; denn meine früheren Freundinnen hatten ihre Augen ebenfalls geschlossen in vielen Momenten. Berühren mußte ich sie. Meiner blinden Freundin genügt aber die Nähe der Hand, die Annäherung spürt sie am Windhauch der Luft und zuckt zusammen, wenn ich die Finger zu plötzlich vorrecke und flach auf sie strecke, so taste ich vorsichtig vor mit dem Zeigefinger, ritze kleinwinzig mit dem Nagel. Leichte Nagelspiele sind ihr die liebsten, dann liegen wir ohne alles auf dem Laken, auch da ist sie radikal und duldet weder Fingerring noch Haarspange, bei der Liebe die Uhr am Arm zu behalten tun doch nur Barbaren. So sagt sie und lacht sie, und seit ich sie kenne, sind mir alle anderen fade.

Wer nie im Freien Liebe machte, der weiß nicht, wie Ameisen beißen. Zwischen Düften haben wir uns getroffen, die andere Gestank nennen. Denn Pheromone lassen Lebewesen sich einander unter Millionen erkennen, nur wir Menschen sind rechthaberisch von tauben Sinnen, blinden Nüstern, die sich kräftigen unter der Hand, wenn die Augen, geschlossen, zur Ruhe gebannt sind. Sprich, damit ich dich sehe. Lang vorsichtig hin, damit ich dich begreife. Wir sind unter Schwarzkirschbäumen aufgewachsen, aufgewacht im April, haben im Frühjahrsgras die erste Liebe geleibt und gelebt. Sie hat von Anfang an mehr gespürt und gerochen. Gestört hat mich ihr verlorenes Augenlicht nicht, denn wenn ich von hinten heranschlich, wie Jungen das tun, hat sie sich umgedreht wie eine Hörende, hat reagiert, gespürt, gewittert wie manche Tiere. Hat wartend gelächelt, denn sie hat mich gefühlt vor jeder Berührung vom Lufthauch auf ihrer bloßen Haut, wie eine Sehende. Beweg dich, damit ich dich sehe, hat sie später gesagt. Es war nicht üblich im Ort, auch winters so viel bloße Haut zu zeigen, sie hat Nacktheit für ihr Wahrnehmen gebraucht. Hautoberfläche als Haupt-Sinnes-Organ. Und weil sie es gewohnt war und es ihr Sicherheit gab wie andern die Augen, hat es sie auch gewärmt, ich konnte es kaum glauben, bis ich ihr Liebhaber wurde und sie an alle bloßen Hautpartien täglich berührte: Selbst bei zwanzig Grad Kälte waren ihre Arme, die wettergegerbten Beine, der Nacken und der Brustansatz warm, heiß die Haut und wie Schwarzkirschen dunkel die Haare. Liegen wir im Sommer unter den Bäumen, rennen Insekten schnurstracks die Außenhaut des Rumpfes hinauf, den Arm hinunter bis zu den Fingern. Ameisen laufen vom linken Zeh das Bein aufwärts, den Venushügel bergan, angezogen von Ausdünstung zwischen den Oberschenkeln. Süß und klebrig ist der Duft liebender Menschen, bißchen beizend wie Roßkastanien, bitterlich wie Mandelkerne und süß wie Schwarzkirschen-Fruchtfleisch. Dieses Gemisch kreiert ein Parfum, das auch an erkalteten Menschen die Fruchtfliegen anlockt. Andere sind nicht blind und sie wissen doch wenig vom Sehen. Alle Sinne einzusetzen hab ich mir vielleicht von meiner geliebten Blinden abgeguckt. Unsere Begegnungen zwischen Blüten und Düften haben meine Berufswahl beeinflußt.

Daran habe ich damals nicht gedacht, daß ich einmal für die Richter Detektiv spielen werde. Denn *forensischer Entomologe*, relativ junger Berufszweig, das bin ich erst viel später geworden. Vorher hatte ich als Botaniker und Chemiker meine Kenntnisse von Jahr zu Jahr vertieft und vermehrt und sogar mit Insektenkunde gebündelt, bis ich in meinem komplexen Beruf als Gerichts-Entomologe aus Funden von Käfern und Larven Tatorte von Mordopfern ermitteln konnte, mochten sie noch so weit fort bewegt worden sein. Und manchmal auch mit Hilfe der Kommissare und Ärzte in den entlegensten europäischen Ländern Mordart und Mörder.

Maria, mein Mädchen. War es Rache an uns oder hat es ihrer verlockenden Schönheit gegolten, daß nun andere den *Fall Kirschenmord* erforschen, weil die geliebte Frau selbst Opfer wurde. Ameisen, Käfer, Mücken und Fliegen machen sich über alles Organische her, bis Monate später wenig vom fleischigen Gewebe geblieben ist, Mahlzeit für Millionen von Insekten das Menschenmaterial. Ganze Generationen von Kerbtieren haben sich angesiedelt und die Brut genährt. Die war verräterisch, verriet die Jahreszeit, die Bodenbeschaffenheit.

Auffallend war dabei vor allem der starke Befall von *Rhagoletis Cerasi*, der Kirschenfliege, dreieinhalb bis vier Millimeter lang, zeigt sich im Mai oder Juni, mancherorts Juli. Blaugrün-metalliges Facettenauge vor lackschwarzem Chitinrumpf, Zweiflügler. Das Weibchen legt seine Eier in Kirschen. Die Larve beißt sich allmählich bis zum Kern durch. Dafür sprächen auch mikroskopische Reste der Süßkirschenhaut, *Cerasus avium*. Auf Untat und Tatort ließ die Spezies von Fliegen Rückschlüsse zu, wahre Wunderwerke wissenschaftlicher Detektei umfaßt die Forensische Entomologie. Der Kreis hat sich geschlossen und zum Fasergras unter dem Schwarzkirschenbaum geführt, wo unser Zweier erstes und letztes Liebesbett gewesen war.

Für Jean-Henri Fabre

Ralph Grüneberger
Ich siebenhändiger Mann

Ich siebenhändiger Mann
Lege überall Hand an
Bändige die Kaskaden
Deines Haars
Erklimme die Weinhänge
Deines Leibs
Brustspitzen verlangen
Fingerspitzen
Pflege die Kehrseite
Deines Medaillons
Dieses selbst und
Streiche über die
Windgemachten Wellen
Im dir nachgeformten Sand
Der nicht verrinnt, sondern
Zur Quellmündung führt
Tauche meine Hände
In Unschuld, gebe
Dir den kleinen Finger
Erde mich.

Von der Lust der Wahl
Der Menantes-Preis für erotische Dichtung 2006

Wer die Wahl hat, heißt es, hat die Qual. Manchmal kann das Wählen aber auch zur Lust werden. So zum Beispiel, wenn Sie aus 770 Bewerbern fünf zum Endausscheid um einen Preis für erotische Dichtung auswählen dürfen.

Natürlich steht auch am Anfang dieser Wahl ein tiefer Seufzer. 770 mal fünf Seiten, das ergibt einen gehörigen Stapel Papier, der aufstöhnen läßt. Heiliger Menantes, was haben wir da angerichtet! Wie die Geister bannen, die wir riefen ...

Denn, Hand aufs Herz: Mit einer solchen Resonanz hatte niemand gerechnet. Drei- bis vierhundert Einsendungen aus Thüringen und seinen Nachbarländern, das erhofften wir wohl, als der Menantes-Förderkreis der Evangelischen Kirchgemeinde Wandersleben und die Zeitschrift *Palmbaum* diesen wunderlichen Preis ausschrieben. Es grenzt ja schon an ein Wunder, was da im Schatten der Burg Gleichen seit Jahren geschieht.

Daß ein Professor für Germanistik einen vergessenen Autor wiederentdeckt, das überrascht niemanden. Ist es doch der Beruf der Herren und Damen von den Hohen Schule, das Erbe vergangener Zeiten immer wieder neu zu sichten, um Schätze zu bergen, die unsere Vorgänger in den Rumpelkammern der Geschichte einst entsorgt haben. Manche Perlen des Barock, die nach den Maßgaben von Aufklärung und Klassik als wertloser Tand erschienen, hat die akademische Forschung wieder blank geputzt und in hoch subventionierten Werkausgaben der staunenden Fachwelt vorgeführt.

Etwas anderes aber ist es, wenn die Kirchgemeinde eines Dorfes jenseits jeglicher Sonderforschungsprogramme und mit bescheidenen Mitteln einen Dichter von Rang dem Vergessen entreißt. So geschehen in Wandersleben, wo Pfarrer Bernd Kramer mit einem Dutzend engagierter Bürger den vormals berühmtesten Sohn des Ortes in ein neues Licht gesetzt hat: *Christian Friedrich Hunold*, 1680 an der Apfelstädt geboren, in Hamburg unter dem Namen *Menantes* zum meistgelesenen Autor seiner Zeit aufgestiegen, starb 1721 als Rhetoriklehrer in Halle. Er schrieb galante Gedichte und satirische Romane, aber auch Opern- und Kantatentexte, die von Reinhard Keiser und Johann Sebastian Bach vertont wurden. Seine wohl reifsten Verse zitiert ein Denkmal, das seit 2003 an den Poeten erinnert: „Dieses Weltmeer zu ergründen / Ist Gefahr und Eitelkeit / In sich selber muß man finden / Perlen der Zufriedenheit."

All dem setzte im vergangenen Herbst die Menantes-Gedenkstätte im Pfarrhof die Krone auf. Doch museal verstauben sollte der Wiederentdeckte nicht. Wie kann ein Barockdichter lebendig wirken, in die Gegenwart eingreifen? Mit einem Literaturpreis! Und warum nicht für erotische Dichtung, war doch Menantes ein Meister der Galanterie, der Verführungskunst mit Worten. Aber Erotik im Pfarrhof, ist das nicht Blasphemie? „Durchaus nicht", sagt Pfarrer Kramer. „Der Teufel steckt nicht im schönen Leib, sondern in dem Auge, das ihn mit Gier betrachtet, das seine Schönheit nur besitzen, als ein Objekt gebrauchen, sie mißbrauchen will."

Die Geilheit, das Lechzen nach immer schärferen Reizen für immer stumpfere Sinne, dieses Kennzeichen einer sexistisch aufgeladenen Werbewelt, in der alles zur Ware verkommt, sie ist ja das gerade Gegenteil von Erotik: der genußvollen Steigerung von Lebenslust und Freude am Dasein durch die Verfeinerung aller Sinne. Und so findet sich eine der ältesten und noch immer schönsten Hymnen auf die sinnliche Liebe im Alten Testament – das *Hohelied Salomo*.

Gerade diese Begründung war es, die viele Einsender zur Teilnahme bewog: „Ungewöhnlich!", „Tolle Idee!", „Wunderbar!", so war in den meisten Begleitschreiben zu lesen. Und die Texte selbst? Ein Berg voller Phantasie, alle Formen der Liebe umfassend, in 770 Spielarten. Daraus nur fünf wählen zu dürfen, war am Ende schon eine Gewissensqual. Denn gern hätten wir mehr Autoren zum Endausscheid eingeladen. Nach langem und lustvollem Streit entschied sich die Jury für Zdenka Becker aus St. Pölten (Österreich), Georg Berger (Berlin), Ralph Grüneberger (Leipzig), Daniel Mylow (Hof) und Xóchil A. Schütz (Hamburg).

Ihr Vortrag im Pfarrhof von Wandersleben wurde zu einem großen Lesefest. Am Ende des Abends nahm Ralph Grüneberger den Menantes-Preis der Jury für seine Gedichte entgegen, während der Preis des Publikums an Georg Berger ging, der vom vermeintlichen Spiel der Sünde mit den unschuldigen Augen eines Kindes erzählt.

In dem vorliegenden Band sind 25 der originellsten Einsendungen aus dem gesamten deutschsprachigen Raum versammelt: Gedichte und Geschichten voller Sprachwitz, nachdenklich verhalten, schrill provokant, so vielgestaltig, wie ihr Gegenstand – die schönste Nebensache der Welt, die uns aufschreien läßt, in Freude und Schmerz.

Jens-Fietje Dwars
29. September 2006

Die Autoren

Zdenka Becker, Schriftstellerin, schreibt Prosa, Lyrik
   und Dramen, lebt in St. Pölten (Österreich).
Georg Berger, Kommunikationsdesigner, lebt in Berlin.
Silke Dokter, Kulturredakteurin beim Lokal-TV Erfurt.
Daniel Mylow, Waldorfpädagoge, lebt in Hof.
Robert Weber, Schriftsteller, lebt in Berlin.
Regina Raderschall, Germanistin, lebt in Neubrandenburg.
Hellmuth Opitz, lebt in Bielefeld.
Xóchil A. Schütz, Performance-Poetin, lebt in Hamburg.
Jan Volker Röhnert, lebt in Weimar.
Jürgen Große, Philosophiehistoriker, Essayist, lebt in Berlin.
Christiane Franke, Krimiautorin, lebt in Wilhelmshaven.
Bernd Leistner, Germanist, lebt in Leipzig.
Anja Müller, Verlagskauffrau, lebt in Ludwigsburg.
Günter Meder, lebt in Wiesbaden.
Katharina Zimmermann, Publizistin in Gumpoldskirchen.
Christopher Kloeble, Student am Deutschen Literaturinstitut,
   lebt in Leipzig.
Dörte Herrmann, Lyrikerin und Erzählerin, lebt in Berlin.
Stefan Schneider, Logopäde, lebt in Kassel.
Verena Sandow, Studentin, lebt in Erkrath.
Astrid Theuer, Freie Autorin, lebt in Neutraubling.
Walter Milos, Lehrer, wohnt in Reutlingen.
Kersten Prasuhn, Freier Bildungsreferent in Berlin.
Angelika Wildegger, Lehrerin, lebt in Bad Kösen.
Mechthild E. Curtius, Buch- und Filmautorin, lebt in Frank-
   furt am Main.
Ralph Grüneberger, Lyriker, lebt in Leipzig.

Die Menantes-Preis-Jury

Jens-Fietje Dwars, Schriftsteller, Film- und Ausstellungsmacher, Chefredakteur der Zeitschrift „Palmbaum".
Cornelia Hobohm, Germanistin und Lehrerin, Mitbegründerin des Menantes-Förderkreises in der Evangelischen Kirchgemeinde Wandersleben.
Matthias Biskupek, Schriftsteller.
Frank Lindner, Philosophiehistoriker, Leiter der Salzmann-Gedenkstätte in Schnepfenthal.
Martin Stiebert, Altphilologe und Freier Rezitator.
Kai Agthe, Germanist und Publizist, Geschäftsführer der Literarischen Gesellschaft Thüringen e.V.
Martin Straub, Germanist, Geschäftsführer des Lese-Zeichen e.V. (Förderverein des Thüringer Schriftstellerverbandes im VS).

Die Arbeit der Jury wurde vom Lese-Zeichen e.V. im Rahmen der Thüringer Literaturtage unterstützt: www.lesezeichen-ev.de.

Der Fotograf

Sebastian Reuter, lebt in Jena, weitere Arbeiten finden sich unter: www.sebastian-reuter.net.

Literatur über Menantes

Benjamin Wedel. Geheime Nachrichten und Briefe von Herrn Menantes Leben und Schriften (1731). Zentralantiquariat der DDR, Leipzig 1977.

Herbert Singer. Der galante Roman. Verlag Metzler, Stuttgart 1961.

Anette Guse. Zu einer Poetologie der Liebe in Textbüchern der Hamburger Oper (1678-1738). Eine Fallstudie zu Heinrich Elmenhorst, Christian Friedrich Hunold und Barthold Feind, Diss. Queen's University, Kingston, Kanada 1997.

Olaf Simons. Marteaus Europa oder der Roman, bevor er Literatur wurde: eine Untersuchung des deutschen und englischen Buchangebots der Jahre 1710-1720. Rodopi-Verlag, Amsterdam 2001.

Jens-Fietje Dwars (Hg.). Leben und Werk des vormals berühmten Christian Friedrich Hunold alias Menantes. Katalog der Menantes-Gedenkstätte in Wandersleben. quartus-Verlag Bucha bei Jena 2005.

Cornelia Hobohm (Hg.). Menantes. Ein Dichterleben zwischen Barock und Aufklärung. Protokollband einer Menantes-Konferenz. quartus-Verlag Bucha bei Jena 2006.

Inhaltsverzeichnis

Zdenka Becker: eine erdbeere für dich 5
Georg Berger: Familienfrühstück 6
Silke Dokter: Früh am Morgen 15
Daniel Mylow: Die Spur der Stille 17
Robert Weber: Das Fenster zum Hof 23
Regina Raderschall: Liebeslust 24
Hellmuth Opitz: Schöner scheitern 29
Xóchil A. Schütz: Übrig 30
Jan Volker Röhnert: Kaschmir der Sirenen 33
Jürgen Große: Das Liebesleben. Aphorismen 36
Christiane Franke: Immer wieder Dienstags 37
Bernd Leistner: Chloris 45
Anja Müller: Die Liebe eines Regenwurms 46
Günter Meder: Du in mur 51
Katharina Zimmermann: Lolita 53
Christopher Kloeble: Generalprobe 57
Dörte Herrmann: Im Blütenbett 69
Stefan Schneider: Sarah und Steffen 70
Verena Sandow: Rot lackiert 73
Astrid Theuer: Salomos Braut 75
Walter Milos: Ortskundig 80
Kersten Prasuhn: Olga 81
Angelika Wildegger: Eroberung 87
Mechthild E. Curtius: KirschbaumLiebe 89
Ralph Grüneberger: Ich siebenhändiger Mann 95
Nachwort: Die Lust der Wahl 97
Die Autoren, Jury und Fotograf 100
Menantes-Literatur 102

Der Menantes-Preis für Erotische Dichtung wurde im Herbst 2005 vom Menantes-Förderkreis der Evangelischen Kirchgemeinde Wandersleben und der Thüringischen Literarhistorischen Gesellschaft „Palmbaum e.V." ausgeschrieben. Fünf von 770 Bewerbern nahmen an der Finalrunde am 17. Juni 2006 im Pfarrhof von Wandersleben teil. Den mit 1000 EUR dotierten Preis hat die Raiffeisenbank Gotha gestiftet. Die vorliegende Auswahl von 25 Gedichten und Geschichten erscheint mit Unterstützung des Thüringer Kultusministeriums und der Bruderhilfe PAX Familienfürsorge.
Der Preis wird alle zwei Jahre verliehen.
www.menantes-wandersleben.de
www.palmbaum.org

© **quartus-Verlag**, Bucha bei Jena 2006
Für diese Ausgabe. Die Rechte an den einzelnen Texten liegen bei den Autoren.
Layout : Jo Fried
Druck: Gutenberg-Druckerei GmbH Weimar
www.quartus-verlag.de
ISBN 3-936455-49-X